# 将軍の日本史

榎本　秋



MdN新書
023

# はじめに

日本史、特に中世から近世にかけての歴史を追いかけていくと、必ず目に入るキーワードがある。それが「将軍」だ。すなわち「征夷大将軍《せいいたいしょうぐん》」である。

日本国は古代より如何《いか》に、そして誰の手によって統治されてきたか。

古代の大和《やまと》朝廷の時代は天皇が大きな実権を持って統治を行なったが、やがて有力公家《くげ》が摂政《せっしょう》・関白《かんぱく》の地位に就いて政治を行なう摂関政治の時代になった。その後、天皇の座を降りた上皇《じょうこう》・法皇《ほうおう》が「治天の君《ちてんのきみ》」として実権を握る院政《いんせい》の時代を経《へ》て、軍事を武器とし、やがて支配階級となっていく新興勢力である武士が台頭する時代が来る。武家政権だ。のちに「幕府」と呼ばれるようになった、その政権の頂点に立つ人物こそが「征夷大将軍（将軍）」であるわけだ。

他国からは時に王や皇帝とも見られた彼らについて知ることは、中世から近世にかけての日本史を知ることに等しいのである。

では、彼ら歴代の将軍たちは皆、絶大な権力者であったのだろうか？

実はそうでもなかった。親政を行なって改革をどんどん進めていった将軍もいれば、まったくの傀儡《かいらい》としてほぼ無為《むい》のうちに在職期間を終えた将軍もいる。有力者の合議制《ごうぎせい》で政治がなされて将軍が権力を振るう機会が少なかったこともあれば、そもそもまだ朝廷の権力が強くて幕府が完全に日本を統治していたとは言い難い時期もある。

そして、将軍個々人の人となりやエピソードもそれぞれだ。名君として美談に彩られた生涯を送った将軍がいたかと思えば、政治を放り出して芸術に没頭した将軍もいる。女あるいは男にうつつを抜かしたエピソードが山盛りの将軍も珍しくない。

本書では中世から近世にかけての日本史を追いながら、その中によくも悪くも名を残した歴代の将軍たちを紹介することにしたい。

# 将軍の日本史——目次

## 第四章 【江戸幕府篇】徳川将軍の正体 其ノ一

## 第五章 【江戸幕府篇】徳川将軍の正体 其ノ二

## 第六章 【江戸幕府篇】徳川将軍の正体 其ノ三



本文校正：石井三夫
本文表組：アルファヴィル

# 序　章　将軍を知るための予備知識

## 「将軍」について改めて考える

「将軍」という言葉に、あなたはどんなイメージを持っているだろうか。

こういう時は、とりあえず辞典（事典）を引くのがよい。『日本国語大辞典』（小学館）を開くと、「将軍」の項にはまずこう書いてある。

（1）一軍を統率し指揮する職。また、その職分の人。一軍の長。大将。将。

（2）一軍を統率し指揮して出征する臨時の職。また、その職分の人。出征する方面によって、鎮東将軍、征夷将軍、征西将軍などと呼ばれた。

これらの解釈は、普遍的・一般的な意味の「将軍」といっていいだろう。独立した軍団だったり臨時編制だったり事情はいろいろだが、一つの軍の頂点に立ち指揮するのが将軍だ。言葉のルーツは中国にあり、「軍を将《ひき》いる」ことから来ている。つまり、本来は（日本の言葉や概念においてはさほど珍しくないが）外来の言葉であるわけだ。

この立場・役職は近現代においても世界各国の軍隊に将官として残っており、彼らのことを将軍と呼ぶこともある。辞典でも以下のように触れていた。

（4）一般に、将官、特に大将を敬っていう語。「乃木将軍」

しかし、世界的にはいざ知らず、日本人にとってはもっとメジャーな意味合いが「将軍」にはあるはずだ。以下の用法である。

（3）征夷大将軍の略。建久三年（一一九二）源頼朝が征夷大将軍に任ぜられてから、征夷の事実の有無にかかわらず、幕府の頭首が代々この職に就任する例となった。

日本史で「将軍」といえばまずこちらが出てくる人は多いはず。本書でテーマにするのも、もちろん「幕府の長」としての将軍、征夷大将軍のことだ。

征夷大将軍は皇族をルーツにする氏族「源氏《げんじ》」の中から選ばれる。彼らは武士の頂点に立って、幕府を統制し、また「源氏長者（源氏のトップ）、奨学院《しょうがくいん》・淳和《じゅんな》院別当《いんべっとう》（教育機関・寺院の長官）」の称号あるいは職を兼任するのが伝統であるとされる。

しかし、本当にそうだろうか？

実は、征夷大将軍と呼ばれた人々の中には、この条件に当てはまらない者が少なくない。古代日本で征夷大将軍に任命された者たちは、先述の辞典における（2）の意味、つまり「一軍を統率し指揮して出征する臨時の職」の意味合いが強かったようだ。幕府（武家政権）の統率者という性質を持つのは鎌倉幕府以降であり、時代が変わるごとに幕府の性質も変わる。「源氏長者、奨学院・淳和院別当」を兼任するのは室町《むろまち》幕府の足利義満《あしかがよしみつ》以降のことであって、それ以前の将軍には見られない。また、鎌倉幕府には摂家《せっけ》将軍・親王《しんのう》将軍など源氏ではない将軍もいた。

そこで、序章では「幕府の長としての将軍」以前の将軍がどんな存在だったかを見ていく。

## 日本における将軍のルーツを探る

「将軍」なる言葉が中国由来の外来の存在であるのは、すでに紹介した。では、日本における将軍のルーツはどこにあるのか？　探ってみよう。

日本史に初めてはっきりとした形で「将軍」が登場するのは、十代目の天皇として知られる崇神《すじん》天皇の頃だ。『日本書紀』によると、彼は四道《しどう》（北陸道・東海道・西海道・丹波道の四地域）に将軍を派遣しており、これを四道将軍と呼ぶ。その中の一人、西道《にしのみち》（西海道）に派遣された吉備津彦《きびつひこ》は鬼退治の逸話で知られ、後世における桃太郎のモデルになったと考えられている。しかし、『古事記』には四道将軍の記述が見つからず、史実としてそのようなことがあったかどうかは定かでない。

　征夷大将軍に直接繋《つな》がると思われるのは、蝦夷《えみし》（東国に居住し、大和《やまと》朝廷に服属しなかった人々）との戦いを任じられた征東将軍あるいは征夷将軍である。この二つの役職は微妙に差違がありつつ、役目は双方とも「東方の敵対勢力である蝦夷と戦う」ものであったようで、同じ人物が就いていたりする。

　征夷大将軍の名が登場するのは、奈良時代の終わりから平安時代初頭にかけての蝦夷征伐の中でのことだ。繰り返すが、この頃の征夷大将軍は臨時で任命される役職であり、恒《こう》久《きゅう》的に就いている役職ではない。

　平安時代の最初の天皇である桓武《かんむ》は、二大事業として平安京の造営に加えてもう一つ、なんとしても蝦夷の討伐を達成しようとしていた。しかし、延暦《えんりゃく》八年（七八九）には征東大将軍・紀古佐美《きのこさみ》の軍勢が蝦夷の中心人物・アテルイらによって大敗するなど、なかなかうまくいっていなかった。
そんな中で征夷大将軍（征夷大使）に任じられたのは大伴弟麻呂《おおとものおとまろ》だ。古くより軍事・政治で大きな力を持った名門の生まれである。延暦十三年までに彼が率いる軍勢が胆沢《いさわ》地方（岩手県南西部）の蝦夷を破って朝廷による支配を完成させている。ただ、実際に活躍したのは坂上田村麻呂《さかのうえのたむらまろ》らであるという。この年は平安京への遷都が宣言されたタイミングでもあり、桓武天皇としてはなんとしても己の大事業が完成したアピールがしたかったのだろう。

その坂上田村麻呂こそ、古代の征夷大将軍の中で最も知られた人物である。大伴弟麻呂の時には副使（副将軍）を務めていた。彼は延暦二十年の蝦夷征伐を成功させるとともに現地に胆沢城を築き、アテルイら蝦夷の有力首長らを降伏させた。田村麻呂としては彼らを京に送りはしたものの、生かしたままで帰らせ、これを持って蝦夷を懐柔《かいじゅう》し、服従させたかったらしい。しかし、朝廷はアテルイらを殺してしまった。

その後、再び田村麻呂を征夷大将軍に任じ、さらなる北方の蝦夷を征服しようという企《くわだ》てはあったようだ。ところが、その計画は実行されなかった。蝦夷征伐と平安京造営の二大事業はあまりにも経済的負担が大きすぎるということで、中止となったのである。弘仁《こうにん》二年（八一一）には文室綿麻呂《ふんやのわたまろ》による蝦夷征伐が行なわれているが、その兵力規模は小さく、彼の役職は征夷将軍止まりだ。

このような史実での活躍にとどまらず、田村麻呂には不思議な話、奇妙な話が多い。たとえば、彼は平安時代初期に編纂《へんさん》された歴史書『日本後紀《にほんこうき》』に曰《いわ》く、「赤面黄鬚《せきめんおうしゅ》、勇力人に過ぐ、将帥の量あり」と評され、赤ら顔に黄色のヒゲという、なかなか独特の容貌をしていたらしい。そのせいもあってか、「元々は蝦夷の人だったのだ」とする説どころか、「実は坂上田村麻呂は黒人だった」などと信じ難い説さえもカナダやアメリカの学者が語っていたりする。

また、田村麻呂が登場する伝説・民話も広く伝わっている。それらの物語には悪路王《あくろおう》・大石丸・大滝丸といった多様な鬼神が登場し、田村麻呂に退治されるわけだが、史実における蝦夷討伐が物語化したものと考えられている。

中でもドラマチックなのが、「鈴鹿御前《すずかごぜん》」あるいは「立烏帽子《たてえぼし》」と呼ばれる女性が登場する物語群だ。立烏帽子とは遊女や盗賊などが好んで用いた烏帽子の一種であり、彼女がどんなイメージで語られていたかがよくわかる。

鈴鹿御前（立烏帽子）の物語上の立場は物語によっていろいろだ。残虐《ざんぎゃく》な鬼・盗賊であったり、田村麻呂を救う天女であったりする。

特に奥浄瑠璃《おくじょうるり》（三味線《しゃみせん》の伴奏で物語を語る浄瑠璃の一種）『田村三代記』に記されている物語はドラマチックで面白い。朝廷の命で「天竺《てんじく》第四天魔王」の娘とされる立烏帽子や、ほかの鬼たちの退治を命じられた田村丸（田村麻呂のことであろう）だったが、なんと立烏帽子に惚《ほ》れられてしまう。夫婦として暮らしながらどうにか彼女を殺そうとする田村丸に対し、立烏帽子はわざわざ彼を連れて天皇の元を訪れ、「田村丸と結婚して子供をもうけたから、もう朝廷とは対立しません」と宣言する始末。立烏帽子の言葉は本当で、彼女の力によって田村丸は数々の鬼を退治することに成功するのだった。

田村麻呂は仏教にまつわる物語との結びつきも深い。「清水《きよみず》の舞台」で有名な清水寺の建立《こんりゅう》に尽力したといわれている。京の東山《ひがしやま》で僧侶・延鎮《えんちん》と出会い、彼とともに観音《かんのん》像を作り、仏殿を築いて、これがのちの清水寺になったわけだ。また、後世になると田村麻呂は「北天の化現《けげん》」と呼ばれるようになった。北天とは仏教における四天王《してんのう》のうち北方を守る毘沙《びしゃ》門天《もんてん》のことで、化現とは化身、生まれ変わりという意味である。田村麻呂は毘沙門天が生まれ変わった姿だ、というわけだ。

これら清水寺信仰や毘沙門天信仰が放浪の宗教者によって東北地方へもたらされる中で、

古くから存在する山岳信仰とも結びつき、仏の加護も受けて鬼と戦うヒーロー、坂上田村麻呂の伝説になっていったのではないかと考えられている。

## 将軍といえば鎮守府将軍

ここまで見てきたように、古代における征夷大将軍は——というよりも、将軍職そのものが、基本的にはそのつど必要に応じて設置・任命されるものであった。一方では、その中に常置職として独自の拠点と兵力を持つ将軍もいた。それが鎮守府《ちんじゅふ》将軍だ。征夷大将軍ほか、臨時の将軍が設置されることが少なかった時代、「将軍」といえば鎮守府将軍（当初は「鎮守将軍」と書いた）だったのである。

鎮守府（およびその前身）は奈良時代前期からあったようだ。当初、東北支配の基地であった多賀城《たがじょう》、のちに田村麻呂が築いた胆沢城に設置され、蝦夷に備えた。元は陸奥守《むつのかみ》が兼任したが、やがて別の役職になり、陸奥国の中でも現在の岩手県より北を、軍事だけでなく行政も含めて管轄《かんかつ》する仕事になっていく。しかし、平安時代後期、東北地方で武士が勃《ぼっ》興《こう》すると鎮守府も彼らによって私物化され、有名無実化する。

こうして名目だけになっていた鎮守府将軍に成り代わる形で、鎌倉時代初期に征夷大将軍の役職が復活し、後世に「幕府」と呼ばれる武家政権が出現したわけだ。そして、その先鞭《せんべん》をつけたのが、武家の棟梁《とうりょう》と呼ばれた清和《せいわ》源氏出身の源頼朝《みなもとのよりとも》であり、彼は同じ武士集団である平氏《へいし》を源平の合戦で打ち破って権力を確立した。

こう言ってしまえば話は終わりだが、そう簡単なことでもない。そこで、まず第一章では頼朝の生涯と彼に続く源氏将軍三代の紆余《うよ》曲折《きょくせつ》を、平安時代末期から鎌倉時代前期にかけての動乱とともに見てもらいたい。

# 第一章

# 【鎌倉幕府篇】源氏将軍の正体

## 〈一〉鎌倉幕府初代将軍・源頼朝（一一四七～一一九九）

### 出世コースから島流し

日本史上初めて本格的武家政権をつくり上げたとされる源　頼朝《みなもとのよりとも》は、有力武士の源義朝《よしとも》と熱田大宮司《あつただいぐうじ》家出身の母との間に生まれた。彼は十二歳で宮仕えを始め、翌年には二条天皇の蔵人《くろうど》（天皇の秘書、側近）になっている。出世コースと言っていいだろう。この頃、義朝や頼朝のような中央権力と結びついた武士は大いに力を伸ばしていた。

平安時代に出現した新興勢力である武士は、政治情勢の不安定化にあわせて力を増し、中央の政治でも存在感を見せるようになった。その背景には、上皇《じょうこう》が院政を行なうにあたって武士に自らを護衛させて権力を強化したことや、有力寺院が武力（僧兵）で朝廷に圧力をかけてきた時に対抗できる存在だった、という事情がある。

結果として、武士は天皇家や藤原《ふじわら》一族などの政治闘争に巻き込まれ、実力行使を担当することになる。いや、彼らが単に政争の駒《こま》だったような書き方をするのは不適当だろう。多くの一族を引き連れて強大な武力を誇った有力武士は、天皇の側近になって政治的にも力を獲得し、この時代の主役になっていったからだ。特に保元《ほうげん》元年（一一五六）に後白河《ごしらかわ》天皇が崇徳《すとく》上皇を打ち破った天皇家の家督争いである保元の乱において武士たちが大いに活躍し、鎌倉時代初頭に書かれた歴史書『愚管抄《ぐかんしょう》』は、この事件をもって以後を「武者（むさ）の世」と記したほどである。

保元の乱で活躍した有力武士の一人が源義朝、つまり頼朝の父である。頼朝の出世はそれゆえだったのだろうか。実は、必ずしもそうでもなかったらしい。どちらかと言えば、母方の熱田大宮司家の方が皇族との結びつきが強く、影響力があったようだ。そもそも義朝が後白河天皇の側近になれたのも妻の血筋に助けられてのことであり、あくまで当時の武士が新興勢力でしかなかったことの証左《しょうさ》と言えようか。

それでも義朝が順調に出世していけば、本人の勢力も拡大していったかもしれない。しかし、事件が起きる。平治《へいじ》元年（一一五九）、今度は後白河天皇側近同士の争いが勃発《ぼっぱつ》したのだ。この時、義朝は院別当（院政庁のトップ）藤原信頼《ふじわらのぶより》について、彼の政治的ライバルである藤原通憲《みちのり》（出家後の名前「信西《しんぜい》」が有名）を倒すことに成功するものの、通憲側の有力武士・平清盛《たいらのきよもり》の逆襲にあって敗れてしまう。頼朝はこの戦《いくさ》で初陣《ういじん》を果たしたものの味方は敗北、父とともに東国へ逃《のが》れるはずがはぐれてしまい、平氏方に捕らえられた。

義朝は逃亡中に頼った相手に裏切られて殺されており、頼朝もまた殺されるかと思いきや、そうはならなかった。清盛は幼い彼を殺さず、京より遥《はる》か遠い東国の伊豆国《いずのくに》へ流すことですませたのである。その決断には、清盛の義母である池禅尼《いけのぜんに》が強く働きかけたことがあったという。頼朝は伊豆国で二十年にわたって雌伏《しふく》の時を過ごし、やがて来《きた》る源平の合戦（治承《じしょう》・寿永《じゅえい》の乱）で主役を務めることになるのだ。

## 「源」「平」とは？

さて、源平の合戦というが、そもそも「源」「平」とはなんなのか、ご存じだろうか。この二つはともに「皇族賜姓《こうぞくしせい》」である。皇族が臣籍降下、つまり普通の人（といっても庶民ではない）になるにあたって与えられる姓が「源」であったり、「平」であったりするわけだ。

どの天皇の末裔《まつえい》であるかわかるように、父系天皇の名を冠して呼ぶのが普通。頼朝は清《せい》和《わ》天皇をルーツとする源氏だから「清和源氏」、清盛は桓武《かんむ》天皇がルーツの平氏だから桓武平氏、という具合である。ほかにも嵯峨《さが》源氏や村上《むらかみ》源氏、光孝《こうこう》平氏などがいる。

## 清和源氏・鎌倉将軍家系図

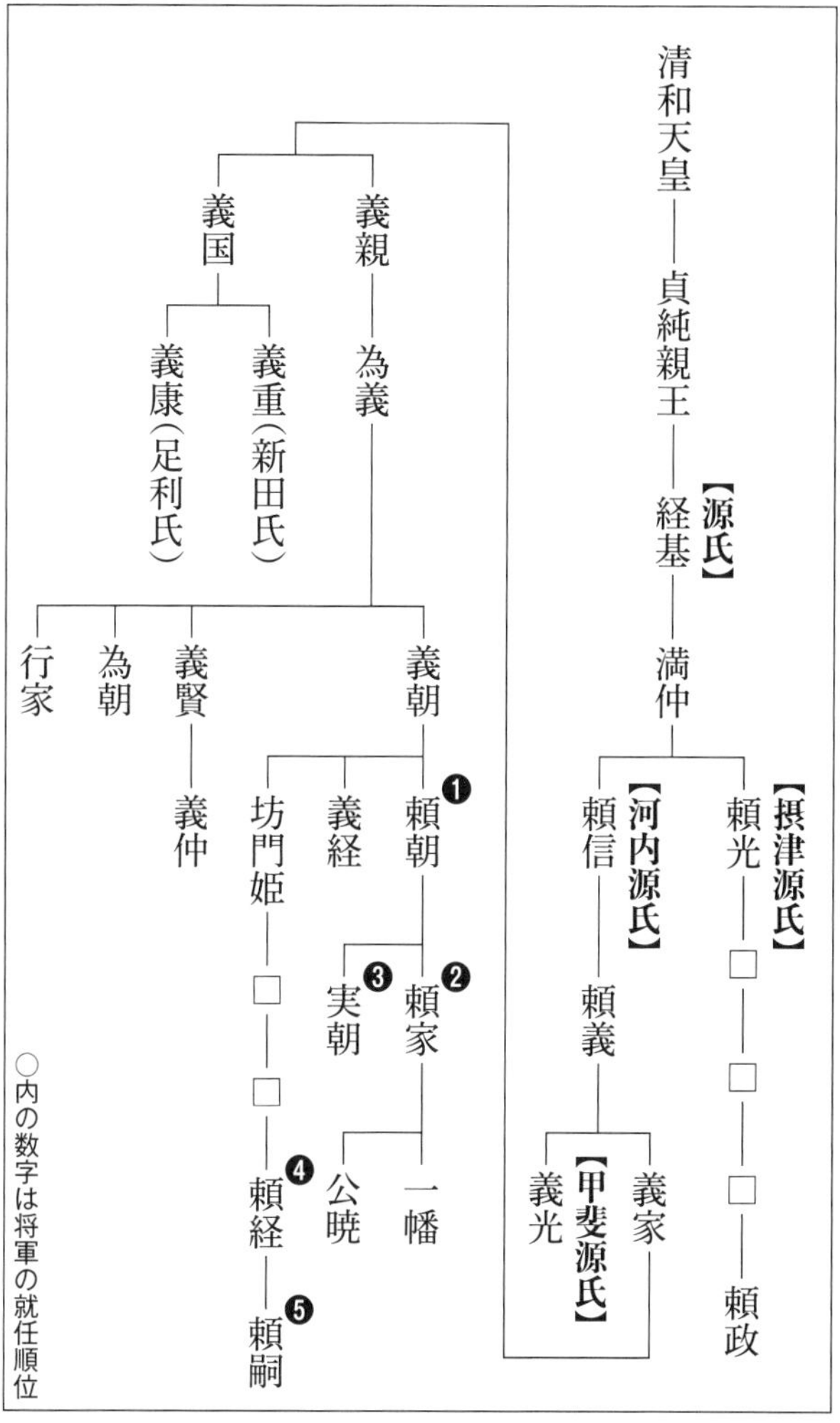

また、清和源氏や桓武平氏のような大きく広がっていった一族は、その根拠地名で区別することも多かった。義朝・頼朝親子は河内国《かわちのくに》石川郡を本拠とした河内源氏の出身であり、古くは清和源氏の中でも傍流《ぼうりゅう》に位置していた。もともと主流だったのは鬼退治の源頼光《よりみつ》を世に出した摂津《せっつ》源氏（多田《ただ》源氏）である。

しかし、河内源氏の祖である源頼信《よりのぶ》が上総《かずさ》・下総《しもうさ》で勃発した平忠常《ただつね》の乱を治めたのを皮切りに、河内源氏は東国で大いに活躍してその武名を上げる。その子の頼義《よりよし》が前九年の役《えき》で陸奥《むつ》の豪族安倍氏を倒し、さらに子の義家《よしいえ》は安倍氏に取って代わった清原《きよはら》氏の内紛を収め、と勝ち戦《いくさ》を積み重ねて東国武士たちとの縁《えにし》も深めた。「源氏（清和源氏）は武家の棟梁《とうりょう》なり」という評判はこの時に東国を中心に成立したものだ。

のちの征夷大将軍たちは、この河内源氏から分かれていった一族をルーツとしており、すべてはここから始まったとも言えよう。

残念ながら、その後の河内源氏は一族内部での争いが激しく、勢力は一時衰えた。義朝も先述した保元の乱で父や弟と別の陣営について戦う羽目になっている。河内源氏が衰えた間に勢力を伸ばしたのが、清盛ら桓武平氏（特に伊勢《いせ》が本拠の伊勢平氏）であり、義朝は骨肉の争いを演じてでも一族を復興させたかったはずだ。にもかかわらず、平治の乱に敗れ、討ち死にしてしまった義朝の無念はいかばかりであったろうか。

## 源平の合戦で勝ち残る

平治の乱で勝利した平清盛は、いわゆる平氏政権（館《やかた》の場所から六波羅《ろくはら》政権とも）を築いた。彼自身が武士の出であり、また各地の武士団と結びつくなど武士政権的な色合いもある。しかし、その政治掌握の手法は「娘を高倉《たかくら》天皇に嫁がせ、生まれた子を安徳《あんとく》天皇として即位させ実権は自分が握る」「自らが太政大臣《だじょうだいじん》になったほか、一族で官職を独占する」といった、従来の公家による政権に近いものであった。

「平家にあらずんば人にあらず」という、軍記物語『平家物語』のあまりにも有名なセリフに象徴される平氏政権の隆盛は、それゆえに大きな反発も買った。清盛は本来、後《うし》ろ盾《だて》であったはずの後白河法皇《ほうおう》とも対立するようになってしまい、ついに法皇の幽閉という強硬手段に出る。

治承四年（一一八〇）に法皇の次男・以仁王《もちひとおう》が畿内の寺院勢力と結びついて反乱を起こすと、彼自身はすぐに敗死したものの、その令旨《りょうじ》（命令書）は全国の平氏政権に不満を持つ武士団に届いて決起を促した。いわゆる源平の合戦（治承・寿永の乱）の始まりである。

配流《はいる》先の伊豆にいた頼朝にも以仁王の令旨が届き、同年ついに挙兵の時を迎えた。この時に頼朝の後ろ盾になったのは、伊豆で迎えた妻・北条政子《ほうじょうまさこ》の父・北条時政《ときまさ》である。

頼朝が彼女を妻に迎えるまでにはひと騒動があった。始まりは伊豆の有力武家、伊東祐親《いとうすけちか》とのトラブルだった。祐親は平氏政権より頼朝の監視を命じられていたのだが、その祐親の娘が頼朝と懇《ねんご》ろの仲になり、ついには子まで宿してしまったのである。

これを知った祐親は焦ったはずだ。何しろ頼朝は大罪人である。これと親族になってしまっては、必ず平氏から睨《にら》まれる。そこで抹殺《まっさつ》を企《たくら》んだが、頼朝に逃げられてしまう。逃げ込んだ先が同じく伊豆の有力武士、北条時政だ。時政もまた、頼朝の監視を命じられていたという。

時政はとりあえず頼朝を保護したが、ここでまたしてもトラブルが起きる。そう、頼朝は時政の娘の政子ともただならぬ仲になって子をつくってしまったのである。英雄色を好むとは古くから言うが、それにしても尋常《じんじょう》ではない性欲だ。

時政も当然憤《いきどお》った。頼朝は伊豆山神社へ逃げたが、この時、政子もついてきて、伊豆山に籠《こ》もったらしい。結果として時政は頼朝を娘婿《むすめむこ》として認めた、とされる。

北条氏は平氏に連なる一族だが、頼朝に加担した。ここからもわかる通り、「源平の合戦」とは言いつつも源氏と平氏に分かれて相《あい》争ったわけではなく、諸勢力がそれぞれの思《おも》惑《わく》に基づいて動いていたのである。

頼朝の軍勢はまず伊豆で平氏を打ち破ると、鎌倉へ向かう。なぜか。鎌倉は頼信が平忠常の乱で活躍して以来の縁があり、父・義朝の頃に東国支配の基盤を築いた拠点でもあるからだ。鎌倉は三方を山に囲まれつつ一方は海と、地形としても守りやすく、移動にも都合のいい東海道の要地であった。

途中、相模《さがみ》で平氏方に包囲されて大敗するという危機もあったものの、わずかな供とともに逃れた頼朝は箱根の山中に身を潜《ひそ》め、海路安房《あわ》から関東へ入り、無事鎌倉に身を落ち着けた。以後、のちの鎌倉幕府の原型になる政治・行政機構を整えつつ坂東《ばんどう》武者（関東の武士団）を配下に集め、平氏に対抗するだけの力を蓄えていく。

もちろん、京の平氏政権も手をこまねいていたわけではない。軍を送り込んで頼朝を叩《たた》き潰《つぶ》そうとする。迎え撃つ頼朝らの軍勢と平氏軍は駿河《するが》の富士川を挟んで睨み合った。

いよいよ明日は決戦かという夜、珍事が起きた。突如として凄《すさ》まじい音が響いて、「これは源氏方の夜襲だ、もうおしまいだ」と平氏方は戦わずして総崩れになったとされる。

このエピソードは「坂東武者の勇猛さに怯《おび》えた平氏方武士の軟弱さ」として解釈されが

ちだ（公家化した平氏政権のイメージも重なっているのだろう）。しかし、そもそも近代以前の軍隊は寄せ集めの色合いが強く、またこの時、平氏方は思うように戦力を集められず、劣勢であったことは考慮すべきだろう。

富士川の戦いで大勝した頼朝は、さらなる進軍を考えたものの、家臣の意見を取り入れて鎌倉に戻り、基盤固めを進める。その間、京では次々と事件が起きた。長年にわたって平氏政権を率いてきた平清盛が病《やまい》に倒れる。木曽で兵を挙げた源義仲《よしなか》（頼朝の従兄弟《いとこ》。木曽《きそ》義仲とも）が京へ進軍し、平氏を西国へ追い落とした。しかし、平氏の息の根を止められずにいるうちに後白河法皇との関係が悪化し、義仲は窮地に追い込まれる。

頼朝はこれを好機と見た。弟の源範頼《のりより》・義経《よしつね》らを大将とする軍勢を送り込み、義仲を討たせたのだ。以後、頼朝は鎌倉に陣取ったまま、義経たちが西国で平氏と戦っていく。義経は一ノ谷《いちのたに》の戦い、屋島《やしま》の戦いと次々に平氏を破りながら西へ進む。そして、ついに壇ノ浦《だんのうら》の戦いで平氏を滅亡させることに成功した。同行していた幼い安徳天皇も海中に没した、という。

源平の合戦における英雄、殊勲者《しゅくんしゃ》となった義経だったが、頼朝との兄弟仲は急速に悪化していく。後白河法皇が彼を頼朝の対抗馬として担《かつ》ぎあげようとしたからだ。味方が少なく兄に対抗しようがなかった義経は、平氏に追われていた幼き日に庇護《ひご》と養育を受けた奥州藤原氏を頼って逃れるも謀殺される。その藤原氏も頼朝に滅ぼされ、全国の武士に頼朝を脅かす者はいなくなったのである。

## 武家の棟梁として頂点に立つ

ライバルがいなくなった頼朝は、いよいよ武家政権の確立を進めていく。後世に「鎌倉幕府」と呼ばれるものだ。

全国に守護《しゅご》（一国の治安や行政を担当）や地頭《じとう》（荘園の管理）を置く権利を獲得し、武家政権を運営するための機関を設置した。その締めくくりとして建久《けんきゅう》三年（一一九二）に就いた役職が「征夷大将軍」であった。古来、武家政権を「幕府」と呼ぶのは、将軍が戦場で幕を張って作る陣地の呼び名が、やがて将軍の館へ、さらに転じて武家政権の呼び名となったものである。

『平家物語』『源平闘争録』『源平盛衰記』など鎌倉時代の軍記物には、ある程度ばらつきはありつつも「平氏政権が全盛だった頃、武士たちは武士の棟梁である源氏の復活を待っていた」「その時に座るべき地位は征夷大将軍だと信じられていた」という物語が見いだされる。

このように武家政権と将軍の役職は直結したものであると考えられてきた。「鎌倉幕府の設立は一一九二年である」と信じられ、「イイクニ」の語呂合《ごろあ》わせとともに親しまれてきたのもそのためだ。

しかし、近年ではこの説は主流ではなくなってきた。幕府の頂点に立った頼朝は「鎌倉殿」と呼ばれ、征夷大将軍の地位こそ幕府の頂点、武士の棟梁という考え方は彼の後に醸成されていったと考えられている。現在、鎌倉殿幕府設立の瞬間と考えられているのは、文治《ぶんじ》元年（一一八五）、守護と地頭の権利獲得である。武家政権の実態がここで整ったというわけだ。ゆえに語呂合わせも「イイハコ」である。

頼朝は諸国の武士と主従関係を結び、武家の棟梁として彼らの頂点に立つ。その武力を背景に武上政権を成立させ、独裁的な強権を振るい、時には弟の義経や奥州藤原氏のように従わない勢力を滅ぼすことさえあった。加えて、関東知行国（関東御分国《かんとうごぶんこく》）・関東御領と呼ばれる独自の支配地域による経済基盤も備えていたのである。これらを背景に、三万の兵力を揃《そろ》えて上洛し、朝廷に圧力をかけようとした直前、頼朝は突如死んでしまった。

その死因はよくわかっていないが、当時のことを記した歴史書である『吾妻鏡《あづまかがみ》』ほかによれば、相模川に橋を架ける落成供養《らくせいくよう》からの帰り道、落馬して亡くなった、という。これについて鎌倉幕府の年代記『北条九代記』などは、「頼朝は亡霊にとり殺されたのだ」と語る。義経の従者ほか、頼朝に逆らったがゆえに死んだ亡霊たちだけでなく、幼くして死んだ安徳天皇まで現われ、ついに頼朝は怯《おび》えて馬から落ちてしまったというわけだ。

頼朝はその後、およそ七百年続く武家政権の礎《いしずえ》を築いた人である。しかし、その中で弟の義経や同族の義仲、平氏政権の人々をはじめとして数多くの犠牲者を出した。後世の人々は頼朝に報《むく》いがあって然《しか》るべきと考えてこのような物語を語ったのであろうか。

また、これほど多くの死者を出してなお、源氏を頂点とする武家政権が安定していなかったのも、また見逃すことができない事実である。朝廷や貴族、大寺院はまだまだ力を持っていたし、諸国の御家人には将軍と皇族・貴族の両方と主従関係を持っている者もいた。

何より、妻・北条政子の実家である北条氏をはじめ、有力な御家人たちが将軍といえども無視できない強い力を持っていたのである。こうして彼が残した禍根《かこん》は、二代頼家《よりいえ》、三代実朝《さねとも》の時代に爆発することになってしまう。

## 〈二〉鎌倉幕府二代将軍・源頼家（一一八二〜一二〇四）

### 幕府を統べることかなわず

鎌倉幕府二代将軍の源頼家《よりいえ》は、初代将軍・頼朝とその妻・北条政子の間に生まれた。父とはともかく、母との関係はあまりよくなかったようだ。

父の頼朝が突如として亡くなると、征夷大将軍をはじめとする頼朝の立場は頼家に継承される。彼こそが新たな「鎌倉殿」として幕府の舵取《かじと》りを担うことになる、はずだった。ところが、頼朝の死と地位の継承からわずか三カ月後、頼家はせっかく受け継いだ権力を大幅に制限されてしまう。裁判を行なう権利を奪われたのだ。これは統治者として非常に重要なものであり、頼家は片腕を奪われたに等しい。

このような決定を下したのは、頼朝時代から幕府運営にかかわってきた古株《ふるかぶ》の重鎮たちだった。武将の中では北条時政、文官の中では大江広元《おおえのひろもと》や三善康信《みよしやすのぶ》といった人々の名が首謀者として挙がる。彼らはなぜ、亡き主君・頼朝から託されたはずの頼家から実権を奪うような真似《まね》をしたのだろうか。特に時政にとって頼家は孫にあたる。無体な真似をする必要はないはずだ。

原因として第一に挙がるのは、その若さである。何しろ頼家、この時、弱冠《じゃっかん》十八歳。実力・実績・信望は頼朝と比べようもない。平氏を滅ぼし朝廷とわたり合って武士政権を築き上げた頼朝であればこそ独裁的な権力を認められた。だが、若き頼家ではとてもそこまで信用できぬ、と宿老たちが考えたのは無理からぬことだ。

若さ以外に頼家から実権を取り上げる理由があるとしたら、なんだろうか。それは、幕府全体の方針をめぐる勢力争いだ。頼朝は我が子・頼家の乳母夫《めのとぶ》（教育係、後見人）としていく人かの有力武士を選んだ。その中に梶原景時《かじわらかげとき》と比企能員《ひきよしかず》がいた。

梶原は頼朝の信頼が厚く「第一の郎党」といわれたほどの男で、源平の合戦でも、また幕府権力の確立においても大変に活躍した。しかし、それだけに敵が多い人物でもあった。後世の源平合戦ものフィクションでも、義経を迫害する悪役として描かれることが多い。

一方の比企は頼家に娘を嫁がせており、のちのことになるが、一幡《いちまん》という子が生まれている。つまり、そのままなら比企は北条氏に代わって将軍の外戚《がいせき》となる可能性があったわけだ。

頼朝はこれらの有力武家を頼家の側近としてつけ、将軍の権力を強化していくつもりだったと考えられている。頼朝の将軍時代にあった独裁的権力を代替わりしても持続させたかった。政権の安定を考えたら当然のことだろう。

実際、頼家は頼朝から地位を継承して間もなく守護や地頭の人事・制度に手をつけたり、裁判制度を整えたりしている。父・頼朝と同じように将軍として強権を振るい、強い政権をつくっていこうという意思が感じられる振る舞いだ。しかし、有力御家人たちからすればたまったものではない。

もともと源氏（清和源氏）が武家の棟梁といっても絶対的なものではなく、将軍と御家人の関係も「御恩《ごおん》と奉公《ほうこう》」という言葉で説明される。御恩は将軍から御家人への土地所有の補償であり、その代わりに御家人は武力提供という奉公をするわけだ。この関係性はギブアンドテイクであり、将軍は絶対君主的存在ではない。有力御家人たちが将軍権力の強化を嫌ったのは当然といえるだろう。

また、幸か不幸か北条時政と政子には、頼家の代わりに擁立するべき旗印があった。頼家の弟、千幡《せんまん》（のちの実朝《さねとも》）である。頼朝は晩年になって生まれたこの子を溺愛《できあい》し、北条氏をその後見として位置付けた。このことが御家人たちを頼家派と千幡（実朝）派に分けて対立させてしまう基盤にもなってしまった。

以上のような事情から、鎌倉幕府の実権は若き頼家から取り上げられ、有力御家人たちの合議に委《ゆだ》ねられることになった（実権を奪う変更ではなく、あくまで訴訟の取次《とりつぎ》を絞《しぼ》っただけという説もある）。

合議制は総勢十三人で、顔ぶれは以下の通り。大江広元、三善康信、中原親能《なかはらちかよし》、二階堂《にかいどう》行政《ゆきまさ》、梶原景時、足立遠元《あだちとおもと》、安達盛長《あだちもりなが》、八田知家《はつたともいえ》、比企能員、北条時政、北条義時《よしとき》、三浦《みうら》義澄《よしずみ》、和田義盛《わだよしもり》。二〇二二年（令和四）度のNHK大河ドラマのタイトル『鎌倉殿の13人』は、まさにこの人々に由来する。

## 内紛の加速

合議制を形成する十三人の御家人は、親頼家派もいれば反頼家派もいて、ある意味でバランスは取れていたと言える。両派が睨《にら》み合いながらとりあえず団結する、という展開もありえたかもしれない。しかし、そうはならなかった。頼家をめぐる内紛は加速していく。

そもそも頼家の素行があまりよろしくなかったらしい。将軍になった年の七月、頼家は安達盛長の長男・景盛《かげもり》が領国に下っている隙《すき》を突いて、彼の愛妾《あいしょう》を我がものにしてしまった。当然、景盛は憤《いきどお》るが、頼家は反発されることは、むしろ謀叛《むほん》だと不満に思うありさまだ。背景には、夫と妻の関係が深い武家に対して、頼家が親しんでいた公家的な考え方では夫婦の関係がより薄く、「他人の愛妾を奪う」ことへの重みが違ったのでは、ともされる。

事態が収まりそうにないまま、結局、頼家の手の者たちが景盛を襲おうとしたところ、北条政子が割って入って景盛に罪がないことを訴え、「安達を討つならば先に私を討て」と宣言したので事件は一応終結したが、将軍の面目が丸潰れになったのは間違いない。

さらに頼家にとって大打撃となる事件が起きた。

第一の側近である梶原景時が御家人たちの運動により弾劾《だんがい》され、失脚に追い込まれたのだ。きっかけは「景時がある御家人の不忠発言を頼家に告げ口したとされたこと」だが、そもそもは景時が嫌われ、敵視されていたせいであろう。同じ親頼家派のはずの比企氏までも弾劾に加わっていることからもよくわかる。この時、頼家は景時を積極的に守ろうとしなかったようだ。そのせいか、景時は自己弁護せずに政権を離れ、翌年に上洛を図ったところを討伐されている。

## 後継者問題が死を招く

ターニングポイントになる事件が起きたのは、建仁《けんにん》三年（一二〇三）だ。頼家が病に倒れたのである。こうなると、三代目を誰にするか、という議論が俄然《がぜん》現実味を帯びてくる。

順当に考えれば、頼家の子が後を継ぐことになる。この頃には、頼家と比企能員の娘の間に嫡男の一幡が生まれていた。彼に源氏の家督と将軍の地位が継承されたなら、比企氏こそが北条氏に代わって外戚となり、大きな権力を獲得することになるだろう。

北条時政と政子はそれを恐れた。そのため、次代においては鎌倉殿（将軍）のあり方を大きく変えようとした。一幡と千幡の双方を後継者とし、本来まとめて継承されるべき全国の地頭職を分割して与えることで、将軍権力を二分したのである。比企能員はこのことに不満を持ち、謀反を企んだ、とされる。そして、それを理由に暗殺され、また比企一族も北条方に攻められ、滅ぼされてしまった。頼家は病から回復したものの有力な味方を失い、追い詰められる。ついには出家を約束させられ、将軍職を奪われた。

どうしても曖昧《あいまい》な書き方になるのは、一連の出来事が『吾妻鏡』に記されているといいつつも、この本の記述は北条氏寄りであると考えられるからだ。果たして本当に比企氏に謀反の動きがあったかはわからない。近年の研究では、天台座主《ざす》・慈円《じえん》著の歴史書『愚管抄《ぐかんしょう》』の記述に基づくと、「家督継承の話し合いは、概《おおむ》ね頼家・比企氏に有利に話し合いが進んでおり、その決定に満足して頼家は先に出家・将軍職引退を決めていた。権力を失うことを恐れた時政・政子は能員を時政の館に誘い込んで殺した」のではないかとも考えられている。

頼家は伊豆修禅寺《しゅぜんじ》に幽閉されることになったが、北条氏は彼を放置してはくれなかった。翌年、北条氏が送り込んだ者によって頼家は殺されてしまったのである。

## 奇行の話は真実か？

こうして頼家は無念の死を遂げた。

その生涯は数々の奇行に彩られていたと語られる。安達景盛の愛妾の一件だけではない。近習《きんじゅ》たちを集めて蹴鞠《けまり》に熱中していた際、領土争いの裁判を持ち込まれた。その時、「広いか狭いかは運次第だ」と言いながら線を引いてすませようとした、などの話が伝わっているのである。これらの行ないの結果として母・政子をはじめとする北条氏に見捨てられ、御家人たちからも見限られて死んだのだと考えれば、自業自得といえるだろう。

一方で、近年はこれらの見方にある程度疑問が持たれているのも事実だ。頼家の奇行を後世に伝える『吾妻鏡』は、先述の通り北条氏寄りの記述になっていると考えられている。頼家を死に追いやり、のちに将軍の補佐役たる執権《しっけん》として権力を独占した北条氏にとって「頼家は奇行の多い問題のある人物だから死んだのだ」という印象を与えた方がいい。

実権を奪われてさぞストレスを溜《た》めていたであろうこと、また彼の奇行は「自由に動かせる仲間を集め、ほかの御家人たちの力を削《そ》ぐ」と将軍権力強化のための行動とも解釈できるため、すべてが創作だったとも思えないが、いくらか脚色されていてもおかしくない。ある程度の奇行はあっても、大げさにされたのではないだろうか。

そのような軍記物で植え付けられた頼家の印象を剝《は》いでみると、残るのは頼朝時代から続く将軍権力強化の試みと、これに従いたくない北条氏ら有力御家人の対立に翻弄《ほんろう》された頼家の姿である。その狭間《はざま》で青年将軍がすり潰《つぶ》されるように死んだのだと思えば、なんとも哀れにもなる。

## 〈三〉鎌倉幕府三代将軍・源実朝（一一九二〜一二一九）

### 朝廷と幕府の狭間で

源実朝《さねとも》はここまで見てきた通り、初代将軍・頼朝の子で二代将軍・頼家の弟である。建仁三年（一二〇三）に兄が後《うし》ろ盾《だて》の比企氏を失って失脚した後、母・北条政子と祖父・北条時政に擁立される形で将軍に就任した。

なお、この将軍就任には注目すべきポイントがある。実朝は幕府の長、東国の長としての「鎌倉殿」と、官職の征夷大将軍に同時に就任したのだ。頼朝や頼家は同時ではなく、二つの立場を得たタイミングにズレがあった。実朝以後、幕府の長と将軍になるタイミングが重なり、将軍こそ幕府の長と見なされるようになり、それが鎌倉幕府、室町幕府、江戸幕府と続く武家政権トップの形式として定着していくことになった。

将軍が代わっても鎌倉幕府の情勢は安定しない。元久《げんきゅう》二年（一二〇五）、今度は北条時政が畠山重忠《はたけやましげただ》と争い始めた。原因は比企氏滅亡後、その下についていた児玉党《こだまとう》の武士団を誰の支配下に置くかという話で、つまりは縄張り争いだ。結局、鎌倉幕府は畠山を謀反人と認定し、時政の子・義時の率いる軍勢が畠山氏を攻め、二俣川《ふたまたがわ》の戦いで滅ぼした。しかし、事態はここで終わらない。

鎌倉に戻った義時が「畠山は冤罪《えんざい》だったのではないか」と父を責めたのである。時政はこれに答えられなかったことで信望を失い、政治の主導権は幼い将軍を擁する政子に移った。

一カ月後、義時と政子はさらに動く。こんな噂が流れたのだ。曰《いわ》く、「時政は娘《むすめ》婿《むこ》で頼朝の猶子《ゆうし》（七十一頁に詳述）でもあった平賀《ひらが》朝雅《ともまさ》を将軍にするつもりだ」。政子は先手を打ち、実朝を保護すると義時の自邸に移した。こうなっては、もう時政に逆転の余地はない。早々と出家し、隠居を決め込んだ。朝雅はこの時、京の守護職を務めていたので関東にはなく、政子らの指示を受けた者によって現地で殺害された。時政の正室・牧氏《まき》（後妻であり、政子や義時との間に血縁関係はない）もまた畠山の討伐や平賀の将軍擁立といった陰謀にかかわったとされることから、一連の出来事を牧氏事件と呼ぶ。

こうして、実朝のあずかり知らぬうちに起きたクーデターで、鎌倉幕府の実権が動いた。なお、義時がこのような振る舞いに出た背景には、実は彼は時政の嫡男ではなかった（北条氏を継ぐ予定だった者は別にいて、義時は江間《えま》を名乗る分家を立てていた）ことがあるとされる。事件は北条氏の内紛でもあったわけだ。

## 文化を好んだ将軍の意味

実朝は文化を愛する将軍であった。まず、公家文化を代表する遊びであった蹴鞠《けまり》を好んでいた。ただ、これは兄・頼家もそうだったし、ある種のスポーツとして武家でも人気があったので特別なことではないかもしれない。

しかし、実朝の和歌への傾倒は尋常《じんじょう》でない。彼の句「世の中は常にもがもな渚《なぎさ》漕《こ》ぐあまの小《を》舟《ぶね》の綱《つな》手《で》かなしも」が『小《お》倉《ぐら》百《ひやく》人《にん》一《いっ》首《しゆ》』に掲載されている（「鎌倉右大臣」名義）し、自身の歌集として『金《きん》槐《かい》和《わ》歌《か》集《しゆう》』も残している。

実朝の和歌好きは政治にまで影響を与えている。彼の怒りを買ってしまった近侍《きんじ》が北条義時の勧めで和歌を歌って献上したところ許されたとか、謀反の罪で処罰されそうになった御家人の歌を知り感じ入った実朝が罪を許した話も残っているほどだ。『吾妻鏡』によれば歴戦の古強者《ふるつわもの》が「当代は歌鞠を以《もっ》て業《わざ》となす。武芸は廃《すた》るるに似たり」と嘆き、北条義時も「（武士たるもの）弓や馬の技を忘れてはいけません」と訴えたらしい。

これは単に「実朝が公家化して軟弱になった」話と受け取るべきではないかもしれない。名付け親の後鳥羽《ごとば》上皇に憧《あこが》れ、和歌や蹴鞠を愛する上皇を手本として自らの政治体制を構築しようとしたのではないか、とする見方もあるからだ。

つまり、朝廷・公家の伝統文化によって、御家人たちに君臨するための権威を身につけようとしたのではないか、というわけだ。実は当時の武士の多くが公家の文化に憧れていたため、この説には説得力がある。実朝が妻を武家からではなく藤原家から選んだ（後鳥羽上皇の母・七条院の姪《めい》にあたる）のも、その表われと考えられる。

実際、実朝は十八歳になると親政を始めている。それは簡単なことではなく、和田義盛が国司就任を願い出た時は迷って母・政子に相談したところ、「そんなことは頼朝時代の前例になく、もしそうしたいのであれば、私のような者が口出しする話ではない」とけんもほろろな返答を受けて大いに落ち込んでいる。青年将軍は母（政子）や叔父（義時）の影響力をなかなか振り払うことができなかったのだろう。

## 収まらない抗争と実朝

一方で幕府の主導権をめぐる争いも絶えない。建保《けんぽう》元年（一二一三）、信濃《しなの》の泉《いずみ》親衡《ちかひら》が頼家の遺児である栄実《えいじつ》を擁立《ようりつ》して反乱を起こそうと企んでいたことが発覚し、一族が鎮圧される事件が起きた。しかもそれだけではない。事件の黒幕は泉と同族の有力御家人、和田義盛だという噂が流れたのである。

実際、義盛の子義直《よしなお》・義重と甥《おい》の胤長《たねなが》は陰謀に加担していたらしい。義盛の必死の嘆願で二人の子は許されたものの、胤長は罪を免れず大いに罵《のの》られ、配流《はいる》となった。武士はいつの時代も名誉を大事にするものである。それは価値観としてもそうだが、実利的にも陰謀の黒幕という疑いによって名誉を汚《けが》され、何もしなければ、さらなる攻撃を受ける可能性が高まった。

そこで義盛は一連の企みをした人物、すなわち義時と北条氏を攻める準備をしたが、同族の三浦義村《みうらよしむら》が土壇場《どたんば》になって裏切ったので敗れてしまった。これを和田氏の乱とも、和田合戦ともいう。建保元年中の出来事である。

結局、ここに至るまでに頼家の時の「十三人の合議制」参加者のうち、梶原景時、比企能員、北条時政、和田義盛と四人もが陰謀合戦に倒れたことになる。もちろん、彼ら四人以外にも多くの御家人が内紛の中で潰されていった。すなわち、源家将軍三代の歴史とは、有力御家人たちによる生き残りバトルロワイヤルの歴史だった、と言えるだろう。

勝ち残ったのは北条義時だった。以後、北条氏は執権の職を独占し、鎌倉幕府を実質的に動かしていくことになる。

頼朝はともかく、頼家と実朝は有力御家人同士の権力争いを止めることができなかった。源平合戦生き残りの古強者《ふるつわもの》たちの相手をするには、まだ若い頼朝の子供たちでは無理だったのだ。

実際、和田合戦に至る一連の事件に、実朝が介入した形跡は見あたらないようだ。実朝と義盛の関係はむしろ良好だったのだが、彼にできたのはどうにか義盛を落ち着かせて合戦を避けようと努《つと》めるのがせいいっぱいで、北条氏の策謀を止めたり、武力によって問題を解決したりすることはできなかったのである。

## 幕府と朝廷と実朝の願望

武家政権と朝廷との関係も問題だった。

先述した通り、初期の鎌倉幕府は朝廷との二重権力状態にあり、潜在的な対立の火種を抱えていた。そんな中、後鳥羽上皇は朝廷や公家社会への関心が深い実朝を通して武家政権をコントロールしようとしていた節《ふし》があるのだ。実朝自身も後鳥羽上皇の思いに応《こた》えようとしていたようなのだが、政子や義時といった北条氏がやすやすと頷《うなず》くはずもない。

ただ、和田合戦を止めることはできなくとも、実朝による将軍親政体制の構築自体は着実に進んでいたと考えられている。さらに後鳥羽上皇からの援護射撃として、実朝の官位が驚くような速度で上がっていく。

建保四年には、義時が長年にわたって幕府の行政を支えてきた大江広元《おおえのひろもと》を通して実朝に若くして官位上昇を求めることを諫《いさ》めているが、これを拒絶している。この時、実朝は（自分に跡継ぎがいないことから）源氏の正統が断絶するなら、せめて官位で家名を残したいと主張している。実際には官位による権威で将軍親政を確立させたい実朝と、そうはさせじとする義時・広元らの間の綱引きがあったのではないかという説があり、私としても賛成するところである。

武家政権と朝廷の板挟みになる実朝を象徴するようなエピソードがある。

ある時、中国の宋《そう》王朝からやってきた人が実朝に謁見《えつけん》し、不思議なことを口にした。「あなたは宋の霊山医王山の長老の生まれ変わりだ」という。実朝はこれを大いに喜んだ。

単に喜んだだけでなく、自ら前世を過ごした場所に赴《おもむ》くべく、巨大な船を使って中国へ渡ろうとまでした。結局、この船は海に浮かぶことなく沈んでしまったので、実朝の夢がかなうことはなかった。

このような計画を実行に移してしまうほどに、彼は幕府に、あるいは日本に居場所を見つけることができなかったのだろうか。それとも、実はこの計画には相次ぐ内紛で北条氏に滅ぼされた勢力の代わりの側近集めという側面があったりするのだろうか。推測するしかない。

## 悲劇的な死

そんな中で実朝は新たな問題に向き合うことになる。実子がなく、跡継ぎが定まっていない問題だ。

兄・頼家の遺児をはじめとして河内源氏の血筋の者はまだわずかにいたが、実朝はどうも彼らを選択肢に含めなかったようだ。彼が望んだのは親王《しんのう》将軍――つまり、後鳥羽上皇の皇子たちを将軍として迎えることを求めたのである。天皇の血を受け入れることは、武家政権にこれ以上ない権威を与えることになる。

後鳥羽上皇としても、これは悪くない話だ。親王を将軍として送り込むことで影響力を発揮し、取り込んでしまうことができると考えたのか、積極的に話を進めていく。実朝の官位昇進はさらに進み、特に建保六年には権大納言《ごんだいなごん》兼左近衛大将《さこんえのだいしょう》から内大臣、そしてついには右大臣にまでなったのだが、これも親王将軍を受け入れるための準備であったろう。

だが、その右大臣就任を祝う儀式の中で、実朝は突如として暗殺されてしまう。犯人は頼家の遺児、公暁《くぎょう》であった。彼がどうしてこのような暴挙に至ったかはコラムで後述する。

実朝の死はつかの間夢見られた公武合体をご破算にし、新たな紛争の始まりを告げることになる。

## 〈四〉鎌倉幕府四代将軍・藤原頼経（一二一八〜一二五六）

### 「とりあえず」の摂家将軍

藤原頼経《よりつね》は摂関家の生まれである。生まれた翌年の承久《じょうきゅう》元年（一二一九）、「三寅丸《みとらまる》」と呼ばれていた赤ん坊の頃に鎌倉へ送られ、四代目の「鎌倉殿」になった。元服して頼経を名乗り、征夷大将軍の職に就くのはしばらく先のことである。

実朝の項で紹介した通り、本来なら鎌倉幕府四代目の将軍は親王を迎える予定だった。それがかなわなかったのは実朝が暗殺され、後鳥羽上皇の態度が硬化したからだ。そこで、「頼朝の姪《めい》の娘の子」という遠い繫がりをたどって頼経が擁立された。

幕府を主導する北条義時・政子と朝廷の後鳥羽上皇との対立は、承久三年、最終的に合戦へ発展する。いわゆる「承久の乱」である。

後鳥羽上皇はもともと朝廷に帰属する武士や僧兵、また西国の守護らに挙兵を呼びかけ、二万数千の兵を集めた。これに対し鎌倉幕府は総勢で十九万もの軍勢を集め、三方向から進軍して朝廷側の抵抗を粉砕してみせたのである。この乱に参加した者たちは後鳥羽上皇以下過酷な処置を受け、多くの上皇・皇族が配流され、また公家たちも関東へ送られる途中に死へ追い込まれるなどした。

承久の乱は鎌倉幕府初期、最大の危機とされることも多い。特に政子が鎌倉で御家人たちを一喝《いっかつ》して初代将軍・源頼朝への恩義を思い出させるシーンはあまりにも有名だ。実際には朝廷側が西国の御家人や公家たちさえまとめきれず、優《すぐ》れた将もいないなど、明らかに劣勢だった。幕府としては勝つべくして勝った戦いと言える。

乱の結果として幕府の支配力が西国へも及び、京には朝廷を監視する六波羅探題が置かれ、幕府と朝廷の二重権力状態が解消されるなど、幕府の支配体制を大いに安定させることになった。

この一連の事件と頼経は、もちろん関係がない。元仁《げんにん》元年（一二二四）には北条義時の急死から、彼の後妻・伊賀《いが》氏とその兄・伊賀光宗《みつむね》が将軍を一条実雅《いちじょうさねまさ》にすげ替えることで幕府の実権を奪おうとする「伊賀氏の変」が巻き起こったものの、こちらもおそらくは頼経が何も知らないうちに解決している。

なお、問題収拾の決め手になったのは御歳六十八の北条政子だ。彼女が伊賀氏らの後ろ盾である三浦義村の元へ自ら乗り込んで説得したため、事件は大きな展開を見せずに終わったのであった。最後まで鎌倉幕府と北条氏を守った政子は、翌年、六十九歳で大往生を遂げた。

## 鎌倉幕府の統治体制

この頃、鎌倉幕府の政治体制が確立したと言っていいだろう。幕府の頂点に立つのは名目上将軍だが、実権はない。幕府の舵取りを行なうのは執権だ。北条家嫡流の当主である得宗《とくそう》あるいはその後継者が多くこの職に就いたが、北条傍系の者もしばしば就任している。

のちに実権は執権・得宗からも離れ、外戚や他の北条一族、得宗の側近たちへ移っていくことになる。

実務を行なう組織としては、頼朝の時代から三つ存在した。政権を動かす機関として軍事や警察担当の侍所《さむらいどころ》、一般実務の公文所《くもんじょ》、裁判担当の問注所《もんちゅうじょ》である。さらに承久の乱後には評定衆《ひょうじょうしゅう》という十一人の御家人が選ばれ、彼らと執権による合議「評定」こそが幕府の方針を決める。かつての「十三人の合議制」の流れを汲《く》むものと言えるだろう。

もちろん、京のことは放置できない。そこで六波羅探題が設置され、朝廷の動向を監視することになったのは、すでに触れたとおりだ。

このような体制が概ね鎌倉幕府の終わりまで続いていく。

## やがて芽生える野心

頼経は嘉禄《かろく》元年（一二二五）に元服し、翌年に征夷大将軍となる。また、寛喜《かんぎ》二年（一二三〇）に源頼家の遺児、竹御所《たけのごしょ》（鞠子《まりこ》）と結婚した。これらの出来事は彼に将軍としての権威や正当性をつけるためであり、実朝の時のように親政を行なう余地はなかっただろう。

しかし、成長した頼経は味方を集めて実権を得るべく動き出す。どれだけ名ばかりであろうとも、彼が征夷大将軍であることに変わりはない。また、この頃には北条氏内部に庶家（別家）がいくつも立ち、執権職を継承する本家（得宗家）との関係が微妙になっていたので、反得宗家で結集する下地もあったのである。

これを得宗家が許すはずもない。彼は四代執権の経時《つねとき》によって将軍の座から引きずり下ろされた。代わって将軍になったのは生まれたばかりの頼経の子、頼嗣《よりつぐ》だ。しかし、頼経は「大殿」として鎌倉に残り、虎視《こし》眈々《たんたん》と好機を待ったのである。

## 〈五〉鎌倉幕府五代将軍・藤原頼嗣（一二三九〜一二五六）

### 父の策謀に巻き込まれる

藤原頼嗣《よりつぐ》は四代将軍・頼経の子である。鎌倉で生まれた彼は、わずか六歳で元服し、征夷大将軍に任ぜられた。すでに紹介した通り、父の頼経が得宗家に逆らって幕政の主導権を得ようと画策したからだ。

将軍としての彼について語れることはほとんどない。頼嗣が将軍だったのはわずか八年足らずのことで、その間の彼は傀儡《かいらい》でしかなかったからだ。数少ない在任中のトピックも、主役は彼自身ではなくその父、頼経であった。

寛元《かんげん》四年（一二四六）には「宮騒動」が起きた。執権・北条経時の急な病死を受けて、頼経との関係が深かった北条一門・名越光時《なごえみつとき》が、執権の地位を得宗家から奪わんと画策したのである。しかし、得宗家の方が動きは早く、彼らのクーデターは失敗。光時は出家・配流、頼経の側近らも幕府の職を辞めさせられ、頼経自身は京へ送り返されることになった。

ところが、頼経は挫《くじ》けない。京から鎌倉へ影響力を発揮しようとした。宝治《ほうじ》元年（一二四七）には、残った数少ない反北条勢力である三浦氏が、北条方との対立の末に宝治合戦（三浦氏の乱）を起こして滅ぼされたが、その背景にも頼経がいたと考えられている。また、建長《けんちょう》三年（一二五一）に僧侶・了行《りょうこう》による幕府転覆の陰謀が発覚した際も、幕府は頼経の関与をかぎ取った。

ことここに至って幕府、つまり北条得宗家は一つの決断を下す。再び将軍の首をすげ替えるのだ。それも、二代続いた摂家将軍の流れではなく、新たな、より強力な権威を持つ血筋から将軍を招くことにしたのである。宮《みや》将軍、親王将軍の始まりだ。

そうなると、古く、下位の権威は不要になる。頼嗣も父と同じく帰洛することになった。鎌倉を出発したのは建長四年四月二日で、次代の将軍となる宗尊《むねたか》親王が鎌倉に到着した翌日のことである。合理的といえば合理的だが、無情といえば無情なやり口だった。

そもそも帰洛というけれど、頼嗣は鎌倉生まれだ。生活のほとんどは京ではなく鎌倉にあったはずだし、実家というべき藤原氏九条家の権力も幕府との関係悪化の中でかなり衰えていたようだ。幸福な京暮らしではなかったろう。康元《こうげん》元年（一二五六）には父・頼経が、ついで頼嗣が十八歳の若さでこの世を去った。どのような死にざまだったか、くわしくはわからない。何かしら、北条氏の思惑があったのだろうか。

## 〈六〉鎌倉幕府六代将軍・宗尊親王（一二四二～一二七四）

### 幕府本懐の親王将軍

宗尊親王は後嵯峨《ごさが》天皇の皇子で、親王宣下を受けた後に鎌倉幕府の六代将軍となった。

第一皇子ではあるが、母の身分が低く、皇位継承の可能性はまずない立場だった。

頼朝から連なる源家将軍、藤原頼経・頼嗣の摂家将軍を経て、宗尊親王から守邦《もりくに》親王までを親王将軍あるいは宮将軍と呼ぶ。文字通り、皇族、親王が鎌倉に下ってきて就任した将軍である。実朝の時代からさらに遡《さかのぼ》って頼朝の時代より望まれていた存在だ。幕府は日本国においてこれ以上望みようもない権威を得たことになる。

後鳥羽上皇の頃、承久の乱以前ならいざ知らず、もはや天皇と朝廷に幕府の要求を跳《は》ね返す力などない。

また、そもそも後嵯峨天皇は幕府に借りがあった。彼が皇位継承できたのは、幕府による強い後押しがあったからだ（幕府は承久の乱で陰謀にかかわらなかったのに自ら望んで配流された土御門《つちみかど》上皇に同情的で、その皇子である後嵯峨を次代の天皇に推《お》した）。そのため、親王将軍就任の話はごくスムーズに進んだのである。

もちろん、このようにして将軍に就任した宗尊親王に、実権などあるはずもない。代わりに彼の情熱は和歌と学問に向けられた。特に和歌については後世になっても評価が高く、『瓊玉《けいぎよく》 和歌集《わかしゆう》』などいくつもの歌集を残している。昼番衆と称して、和歌ほかの文化活動に長じた者たちを側近に置いた。

そんな宗尊親王も文永《ぶんえい》三年（一二六六）には鎌倉を追われ、京へ戻ることになる。謀反を企んでいたからだと語る史料もあるが（『鎌倉北条九代記』）、そのような力が彼にあったとはとうてい思えない。青年になった宗尊親王が余計な発言力を獲得する前に得宗家がすげ替えたと、考えるのが正しかろう。

京での暮らしぶりは「しめやか」であったと、南北朝時代を扱った歴史物語『増鏡《ますかがみ》』は記している。「落ち着いている」の意味でもあるが、「もの悲しげ」を指す言葉としても使われる。宗尊親王の場合、後者だろう。

彼が残した句には自らの運命を嘆くような歌が多いのだが、京時代を歌ったものに特に象徴的なものがある。「虎とのみ用いられしは昔にて　今は鼠《ねずみ》のあな憂《う》世の中」――権威だけを求められた傀儡であっても将軍位は「虎」であった。その地位を奪われた自分は「鼠」にすぎない。鬱々《うつうつ》とした日々を、和歌を友にして過ごしたのだろう。文永九年に出家した後、二年後に亡くなった。

## 〈七〉鎌倉幕府七代将軍・惟康親王（一二六四〜一三二六）

### 危機の時代に存在価値なし

惟康《これやす》親王は宗尊親王の子である。父が幕府によって京へ追われると、生まれたばかりで将軍になった。

ただ、その経緯はちょっと特殊だ。将軍就任後の文永七年（一二七〇）、惟康親王が元服を迎えると、朝廷は源氏の姓を与えた。これは、つまり臣籍降下（皇族を離れて臣下になった）を意味する。高貴な血筋であることに変わりはないが、幕府からすれば「せっかく親王というこの上ない権威を手に入れたのに、皇族から離れては意味がない」と考えたはずだ。

結局、弘安《こうあん》十年（一二八七）になって朝廷は彼に親王宣下をし、皇族に戻した。二十六歳にしての「惟康親王」の誕生である。

このような扱いからも察せられるように、惟康親王もまた歴代の将軍たちと同じように幕府の支配体制に権威を与えるための神輿《みこし》にすぎなかったようだ。歴史にくわしい人ならここまでに出てきた年号でピンとくるだろう。彼が将軍を務めていた時代、日本は前代未聞の危機を迎えていた。しかし、その中で惟康親王が何か能動的な行動を取ったという話は見つけられない。

危機は二度にわたる「元寇《げんこう》（文永・弘安の役《えき》）」であった。ユーラシア大陸に広大な領土を獲得したモンゴル帝国の第五代皇帝で元朝を開いたフビライが、未曽有《みぞう》の遠征軍を九州へ派遣してきたのである。戦いそのものは二度とも日本、すなわち鎌倉幕府の勝利に終わった。地元九州の武士たちをはじめとする御家人たちの士気は高く、一方で侵略された各地の兵士たちの寄せ集めであるモンゴル軍は士気にも統制にも問題があった。最終的にはモンゴル船を襲った、いわゆる神風、暴風雨が致命傷になったという。

しかし、元寇は別の意味で幕府にとって致命傷になる。まず、御家人たちが貧しくなった。戦後の恩賞が十分でなかったこと、再度来るかもしれない侵略への備えに負担を求められたことなどが原因だ。一方で防衛のための体制固めを名目にして北条得宗家による権力独占が進んでしまった。結果、御家人たちの不満が高まり、倒幕運動へ繋《つな》がっていくことになるのだ。

話を惟康親王に戻そう。元寇の時期に将軍を務めていた彼が将軍職から追われたのは、正応《しょうおう》二年（一二八九）。親王宣下を受けてから、わずか二年後のことであった。幕府が理由として掲げたのは「異図あり」で、何かしら陰謀を企んでいたということだが、実際には違うだろう。

幕府側としては、そもそもあまり長い間、同じ将軍を擁するのを避けたかったのだと考えられている。いくら飾りでも、長年にわたって幕府の頂点に立っていれば、得宗家に反発する勢力が彼の周囲に集まってなんらかの力を発揮する可能性は十分にありうる。となれば、定期的に「すげ替える」のは合理的な選択肢だ。あるいは、「親王が将軍を務めたという実績はもう積んだので、これ以上、彼を将軍として担いでおく必要がなくなった」といったこともあったかもしれない。

それだけでなく、朝廷側の事情もあったとされる。当時の皇族は「両統迭立《りょうとうてつりつ》」という特殊な状況にあった。このことがやがて幕府の崩壊と南北朝の動乱にも結びつくのだが、くわしい紹介は次項、久明《ひさあきら》親王の項で扱いたい。

京に送られた（世の人はこれを「京へ流された」と話したという。鎌倉こそが政治の中心であり、京は流される先だと認識されていたのだ）惟康親王はすぐに出家し、意外と長生きをした。

六十三歳で亡くなったのは、鎌倉幕府が滅びる数年前のことだった。

## 〈八〉鎌倉幕府八代将軍・久明親王（一二七六〜一三二八）

### 両統迭立の渦の中で

久明《ひさあきら》親王は八代目の鎌倉幕府将軍であり、後深草《ごふかくさ》天皇の第六皇子でもあった。そんな彼が惟康親王に代わって鎌倉に送り込まれ、将軍になったのには、前項でも軽く触れたように朝廷側の事情があった。

実はこの頃、皇族は二つの流れに分裂し、睨み合っていた。始まりは後嵯峨天皇の時代のことだ。彼は後深草《ごふかくさ》天皇・亀山《かめやま》天皇という二人の息子をそれぞれ天皇にし、自身は上皇として院政を行なった。しかし、亡くなるにあたってどちらを治天《ちてん》の君《きみ》（実権を持った天皇あるいは上皇）にするか指名しなかったので、兄弟が争うことになる。

以後、持明院統《じみょういんとう》（後深草天皇の末裔《まつえい》）と大覚寺統《だいかくじとう》（亀山天皇の末裔）の二つの皇統が、おおよそ交互に天皇を出し続けた。これを両統迭立という。当時の日本で最も強い勢力であった鎌倉幕府は両者の争いにたびたび干渉したが、争いを決定的に終わらせるような介入はしなかった。となれば、どちらの皇統も幕府を味方にしようとするのは当然だ。

この時、院政を行なっていたのは持明院統だ。惟康親王の父は後深草と亀山の兄だからいずれの皇統にも所属しないが、どちらかといえば大覚寺統に近しいポジションにあった。そこで持明院党側が代わりに新しい親王を送り込むことで大覚寺統の力を削《そ》ぎ、幕府との関係を強化することができる、そう考えたのではないか。

こんな思惑で将軍になった人物であるから、久明親王に実権などあるはずがない。彼が将軍だった時代にも、幕府を揺るがすような事件は次々起きた。

惟康親王時代に「霜月騒動《しもつき》」で対立派閥を一掃した平 頼綱《たいらのよりつな》（九代執権・北条貞時《さだとき》側近）が、今度は貞時に見捨てられ、粛 清《しゅくせい》された「平頼綱の乱」。

彗星《すいせい》の接近が不吉と噂され、貞時が出家したこと。連署（北条氏一門が就いた執権の補佐役）の北条時村《ときむら》が殺害され、その犯人の北条宗方《むねかた》が貞時の命で滅ぼされた「嘉元《かげん》の乱」などだ。

また、御家人が困窮する中で借金を帳消しにする徳政令も出されたが、むしろ金を貸してくれる相手がいなくなって、さらに貧しくなるありさまだった。

このようにまったく平和ならざる鎌倉時代後期を、久明親王はまったく蚊帳《かや》の外で暮らした末、息子の守邦《もりくに》親王が跡を継ぐことになって、京へ帰ることになったのだった。

## 〈九〉鎌倉幕府九代将軍・守邦親王（一三〇一～一三三三）

### 取り残された将軍の死

鎌倉幕府の九代将軍で、久明親王の子である守邦《もりくに》親王は、鎌倉幕府最後の将軍でもある。彼の時代、鎌倉幕府は末期症状を示していた。幕府内部では北条得宗家による権力独占と御家人たちの困窮化で不満が高まり、外部では京における持明院統・大覚寺統の対立が大きな火種になっていたのである。悪党《あくとう》と呼ばれる新興勢力の登場も幕府を危うくする要素であった。

そんな中で現われたのが後醍醐《ごだいご》天皇だ。持明院統に属するこの天皇は幕府の後押しによって即位したが、天皇親政を強く望んでいた。しかし、古来のように天皇が文字通りの治天の君として活動したかったら、どうしても邪魔な相手がいる。幕府だ。

　そこで後醍醐天皇は倒幕運動を志すが、相手は当時の日本における最大権力である。天皇は六波羅探題に睨まれてもいる。運動はなかなかうまくいかない。正中《しょうちゅう》元年（一三二四）の正中の変ではせっかく集めた同志を殺され、元弘《げんこう》元年（一三三一）から翌年にかけては密告によって倒幕計画が発覚し、からくも幕府軍から逃れて挙兵するも捕らえられて隠《お》岐島《きのしま》へ流されてしまった。

　しかし、その後も彼の皇子である護良《もりなが》親王や悪党の代表格である楠《くすのき》木正成《まさしげ》といった人々による反乱はおさまらず、後醍醐天皇自身も隠岐を脱出して再び挙兵した。ここに至って有力御家人の中からも反北条、反得宗の姿勢を示す者が現われる。幕府の命を受けて天皇討伐のために派遣されていた足利高氏《あしかがたかうじ》（のちに改名して尊氏）が寝返って六波羅探題を滅ぼし、上野《こうずけ》で挙兵した新田義貞《にったよしさだ》は鎌倉を攻めてこれを滅ぼした。こうして鎌倉幕府は滅んだのである。

　この動乱の中で、最後の将軍である守邦親王はどんな役目を果たしたのか。おそらくは、何もしていない。あくまで傀儡のまま、新田の軍勢によって鎌倉が攻め落とされた元弘三年五月二十二日に将軍職から降りて出家している。京に向かうことはなく、亡くなったのはその三カ月後、鎌倉であった。

死因がなんだったかは史料にない。享年《きょうねん》三十三では天寿を全《まっと》うしたとは言えないが、誰が殺したとも書いていないので病であろうか。幕府滅亡が精神的なショックになったとも考えられる。何より、殺されるのであればもっと早く殺されていた方が自然だ。

時の十四代執権・北条高時《たかとき》は鎌倉幕府が滅んだ日、多数の一族とともに自決してこの世を去っている。幕府の人間が将軍を道連れにするにしても、倒幕軍が将軍を幕府の頂点と見なしてその首を取るにしても、同じ日のことでよかったはずなのだ。

にもかかわらず、守邦親王は将軍の座から降りて俗世から離れるだけで、ほかに罰を受けた形跡がない。歴史に残っていないだけで、彼の死が実は何者かによって下された罰だったのだろうか。それとも鎌倉幕府の将軍は名ばかりの傀儡であったため罪なしとされ、罰を下す必要がないと見られたのかもしれない。

## 〈総論〉鎌倉幕府と征夷大将軍

鎌倉幕府は日本史上初の本格的な武家政権である。先立つものとして平清盛による平氏政権はあったが、これは武士出身者が従来の皇族・公家による政権の主導者になったと見るべきで、武家政権とは言いにくい。

その頂点に立つ「鎌倉殿」が征夷大将軍の職に就いたため、後世の武家政権は幕府と呼ばれ、また代々の長は将軍と呼ばれるようになったのである。

では、鎌倉幕府における将軍とはどんな存在だったのか。少なくとも初代・源頼朝の時は武力と経済力を兼ね備えた独裁的な権力者であった。実際に敵対勢力や反抗勢力を武力で叩《たた》き潰してもいる。北条氏をはじめとする有力御家人たちも、頼朝相手では引かざるを得なかったのだ。

しかし、二代目の源頼家以降、将軍の実権は急速に失われていく。有力御家人たちが権力闘争を始めてもこれを抑える力は将軍になく、代わって幕府の実権を握ったのは北条氏であった。以後の鎌倉幕府は北条氏がトップの執権として権力を握る体制が確立する。これに反抗する有力御家人、傀儡の立場に我慢できなくなった将軍、また北条氏内部の権力闘争に敗れた者がたびたび蜂起《ほうき》しては討たれ、あるいは決起前に粛清《しゅくせい》されるのが鎌倉時代の歴史だったと言っていいだろう。

　このような時代において、将軍に傀儡・神輿以外の意味などあるはずもない。摂家・宮家といった高貴な血を受け入れることで幕府の権威を高めるためだけの存在。それが鎌倉時代の将軍のほとんどだった。

コラム

# 将軍になった？　なれた？　二人の御曹司

## 「旭将軍」源義仲（一一五四〜一一八四）——征夷大将軍？　征東大将軍？

第一章では頼朝・頼家・実朝と、源氏の征夷大将軍たちを紹介した。しかし実は、彼らよりも先に征夷大将軍になったとされる源氏がいる。それが頼朝の項でも軽く触れた源義仲だ。木曽義仲の名でもよく知られている。

義仲の父、義賢《よしかた》は義朝（頼朝の父）の異母弟にあたる。だから頼朝と義仲は従兄弟であるわけだ。その義賢は源氏の内紛で義朝方に討たれたため、幼い義仲は木曽の山に逃がされて成長した。

そんな彼が一躍歴史上に現われたのが源平の合戦（寿永・治承の乱）だ。頼朝と同じように以仁王《もちひとおう》の綸旨《りんじ》を受けて挙兵した義仲は中部・北陸で活躍し、特に倶利伽羅峠《くりからとうげ》の戦いで平氏の大軍を打ち破った。義仲の勢いの前に平氏は京を放棄して西国へ逃げざるを得ず、彼は意気揚々《いきようよう》と上洛を遂げたのである。

以上、義仲の栄光に包まれた前半生は『平家物語』『源平盛衰記』などの軍記物に見られる話であり、信憑性《しんぴょうせい》は少なからず疑わしいことは留意いただきたい。たとえば、倶利伽羅峠の戦いで「牛の角に松明《たいまつ》をくくりつけて突撃させ、これに驚いた平氏の軍勢は崖《がけ》の下に落ちた」という有名なエピソードがあるが、これは中国における「火牛《かぎゅう》の計《けい》」をもとにした創作であろう。

義仲の業績がはっきりと史料に残るのは、上洛してからだ。彼およびその配下・協力者は概ね政治力に乏《とぼ》しく、また配下の軍勢は寄せ集めで京の治安を悪化させてしまい、評判を落とすとともに後白河法皇らとも対立することになってしまった。結果、法皇を幽閉して権力を独占するもの、いよいよ周囲は敵だらけで大いに孤立する。

そんな中の元暦《げんりゃく》元年(一一八四)、義仲は征夷大将軍に就任した、という。これは東国の敵=鎌倉の頼朝を征伐するための権利を得たものであり、のちの源氏将軍のような「武士政権の長」「幕府の長」の性格はないようだ。しかし、征夷大将軍という役職に東国の支配者という属性を帯びさせる契機になり、やがて頼朝が征夷大将軍となるきっかけになった。従来はそのように理解されてきた。

ただ、近年になって『三塊荒涼抜書要《さんかいこうりょうぬきがきのかなめ》(山塊荒涼抜書要)』(当時の貴族の日記『山塊記』

『荒涼記』からの抜書をまとめたもの）という史料の研究により、この時、義仲が就任したのは「征夷大将軍」ではなく「征東大将軍」だったという説が有力になった。よく似た役職であることに代わりはないため、ここで紹介することにした。

その後の義仲は、本文で紹介した通り、義経に討たれてこの世を去っている。

## 公暁（一二〇〇～一二一九）――凶行に走った不遇の生まれ

もう一人、河内源氏の数少ない生き残りでありながら征夷大将軍になれなかった男を紹介したい。その名は公暁。本文でも紹介した通り、源実朝を殺した男である。

二代将軍頼家の長男で、三代将軍になるはずだった一幡《いちまん》は、比企氏の乱に際してわずか五歳で殺害されている。北条氏としても、三男の公暁が生きていては実朝（頼家の弟）が将軍になる正当性がなくなってしまうため、なんとしても殺さざるを得なかった。

それでも、頼家の子たちには北条氏の血も入っている。皆殺しにするほど非情にはなれなかったと見えて、公暁は寺に預けられた。鶴岡八幡宮寺別当の門弟になった後、実朝の猶子《ゆうし》になっている。どちらも祖母・北条政子のはからいである。

高貴な家に生まれた男子が、家督継承から外《はず》れる（それによって後継者争いに巻き込まれることを避け、また家中が割れるのを防ぐ）ために仏門に入るのはよくあることだ。猶子は養子に似ているが、「自分の子にする」のではなく、あくまで他人の子だが、「猶子《なお》の如し」にするところが違う。つまり、公暁は実朝の子として征夷大将軍の地位を継承することはできないが、身分的には将軍の子として遇される。頼家の死に少なからずかかわったであろう、政子の罪滅ぼしであったかもしれない。

やがて、本格的に僧侶になった公暁は、建保五年（一二一七）になって鶴岡八幡宮寺に戻り、別当に就任した。河内源氏に縁深いこの場所で彼が源氏の菩提《ぼだい》を弔《とむら》うことこそが、政子の望みであったに違いない。

しかし、祖母の願いも虚《むな》しく、公暁は怪しげな振る舞いを始める。一年以上にわたって熱心に何事か祈禱《きとう》をし、さらに髪の毛を伸ばし始めたのである。その後の振る舞いを思えば、祈禱の中身は実朝の呪殺《じゅさつ》であり、髪の毛を伸ばしたのは実朝死後に将軍となるための還俗《げんぞく》の準備と考えてよいだろう。

現代の価値観からすると馬鹿馬鹿しいかもしれないが、この時代、きちんと修行をした僧侶の呪詛《じゅそ》には効果があると信じられていたし、他者を呪うのは立派な犯罪だった。彼は彼なりに自らが身につけた技で己の運命を切り開こうとしていたのである。

ところが、公暁は突如として方針を転換する。実力によって実朝を除き、将軍になるための道を開こうとしたのだ。彼にとって幸いなことに、実朝の任右大臣拝賀の儀が、建保七年一月二十七日、勝手知った鶴岡八幡宮寺で行なわれる。実朝がいつどこに現われるか、調べるには容易《たやす》かった。

そして、儀式終了直後、公暁は抜き身の白刃《はくじん》を振りかざして実朝に斬りかかり、その首を取った。この事件についての詳細は『吾妻鏡』と『愚管抄』で食い違っているのだが、実朝を「親の仇《かたき》」と叫んで斬り殺したのは共通している。

大願は成就したが、これだけでは公暁の念願はかなわない。有力御家人を味方につけて幕府に働きかけ、将軍になる必要があるのだ。幸いなことに彼には当てがあった。乳母夫《めのとぶ》の三浦義村ならきっと味方になってくれると信じていたのである。ところが、義村は公暁を擁立する気はなかった。北条義時に通報するとともに追っ手を出し、公暁を殺してしまったのだ。そもそも、義村こそが公暁による実朝暗殺の黒幕ではないかという説さえあるのだが、これは信憑性に乏しい。

では、公暁はなぜ呪詛という選択肢を捨て、暗殺によって実朝を排除しようとしたのだろう。その理由として推測されているのが、当時進んでいた「親王を実朝の次の将軍として迎える」計画の存在だ。実朝には跡を継ぐべき子がいなかったから、彼が呪いで死ねば最も将軍に近いのは公暁だ。しかし、親王が将軍候補者として定められてしまっては、もはや公暁にチャンスはない。

この情報は当時まだ明らかにされてはいなかったが、公暁は有力御家人とも関係が近いから知らせが耳に入る可能性は十分にある。結果として、公暁は武力にものを言わす覚悟を決めたのではないか。

「黒幕などがいたわけではなく、あくまで追い詰められた元御曹司《おんぞうし》の凶行にすぎない」。

そのような説にこそ説得力がありそうだ。

# 第二章

# 【室町幕府篇】足利将軍の正体 其ノ一

## 〈一〉室町幕府初代将軍・足利尊氏（一三〇五～一三五八）

### 逆賊か忠臣か

鎌倉幕府は滅び、後醍醐《ごだいご》天皇による建武《けんむ》の新政が始まったものの、これは武士たちの信望を失ったために安定しなかった。諸国の武士が希望と見なしたのは、鎌倉幕府打倒にも活躍した足利《あしかが》氏の当主である尊氏《たかうじ》（高氏）であった。

彼は後醍醐天皇を厚く敬愛したが、世情と立場から天皇と対決せざるを得ず、結果として室町《むろまち》幕府を開くとともに北朝《ほくちょう》を擁して南朝《なんちょう》の後醍醐天皇と戦うことになったのだ。しかし、その経緯は決して順調なものではなかった。尊氏は南朝だけでなく足利氏の内紛にも対処しなければならず、一度は自ら南朝に降伏したことさえあったといったら、読者であるあなたは驚くだろうか？

そんな尊氏は清和《せいわ》源氏の名門、足利氏の生まれである。この一族は源義家《みなもとのよしいえ》の子・義国《よしくに》のさらに子、義康《よしやす》をルーツとする。なお、義康には義重《よししげ》という兄弟がいて、彼の末裔は新《にっ》

## 足利将軍家系図

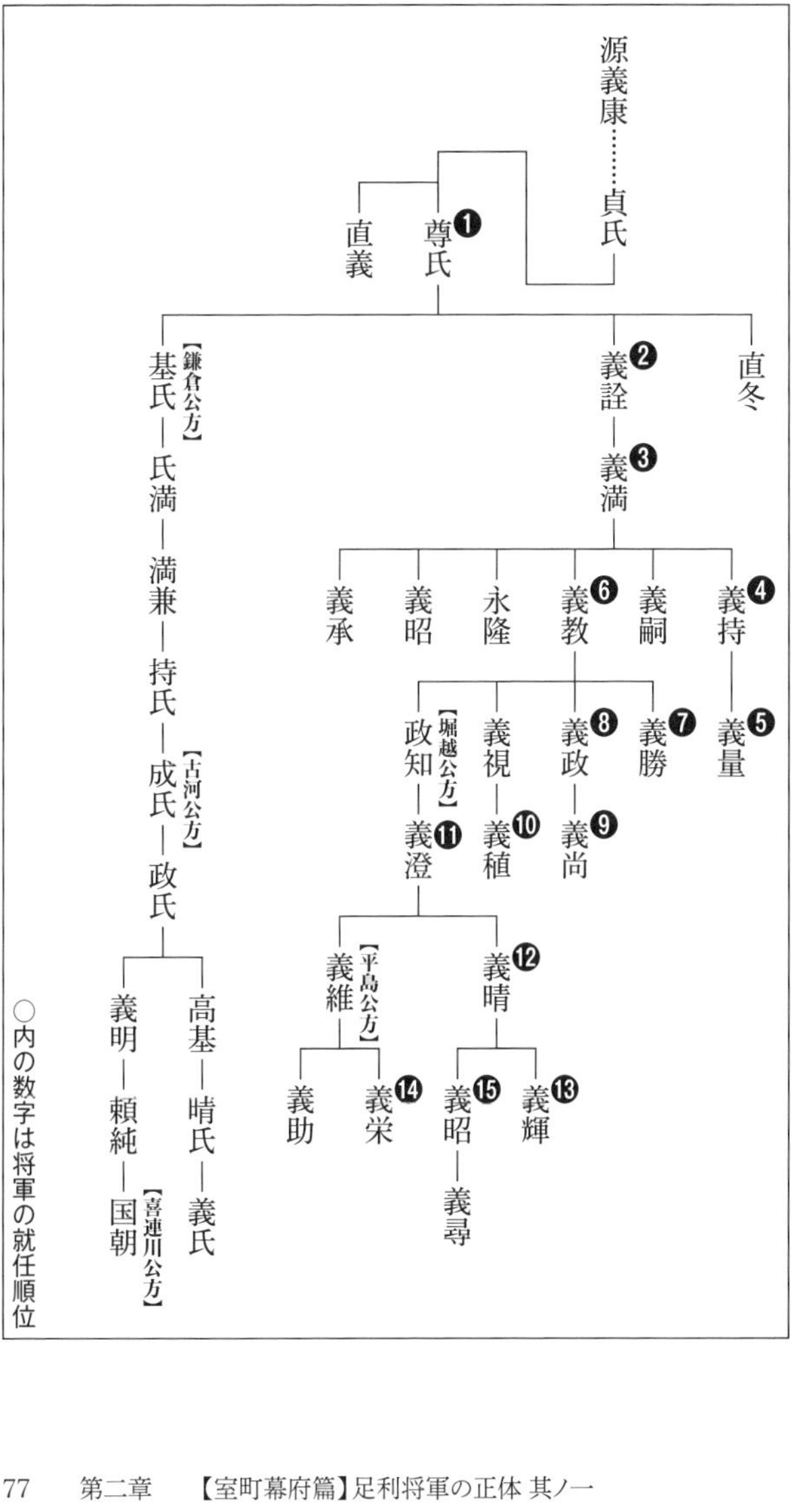


○内の数字は将軍の就任順位

田《た》氏を名乗った。のちの建武の新政期から南北朝時代における足利・新田のライバル関係はこんなところから繋《つな》がっているわけだ。

鎌倉時代の足利氏は微妙な立場にあった。由緒正しい血筋のため有力御家人の一家であり、特に北条氏から常に妻を迎えるほどその繋がりは深く、官位面でも大いに優遇された。しかし、足利と北条の蜜月《みつげつ》関係は、いつか自分たちに取って代わるかもしれない、という北条側の裏返しの心理からの警戒措置《そち》であったとも考えられる。

実際、鎌倉幕府三代将軍実朝《さねとも》が死ぬと足利氏こそ源氏の正統と推《お》す動きがあったし、北条氏は彼らを幕府の首脳である評定衆《ひょうじょうしゅう》から徹底的に外《はず》して政治から遠ざけた。また、歴代の当主からたびたび早期の出家者や自殺者が出たのも、北条氏に睨《にら》まれたためと考えられている。足利氏が北条氏の目を恐れつつ生き延びた鎌倉時代の記憶は、のちの尊氏の決断にも大きな影響を与えたはずだ。

## 幕府打倒の立役者

尊氏は足利宗家七代当主・貞氏《さだうじ》の子として生まれた。しかし、尊氏には異母兄の高義《たかよし》がいて、本来ならば足利氏の当主になるはずではなかった。その高義が家督継承後に若くして亡くなってしまったので、尊氏が跡を継ぐことになったのだ。ただ一族の中でも立場は強いものではなく、実際に家督を継承するのは父の死後だ。

尊氏がまず歴史に名を現わすのは、後醍醐天皇によるクーデターが勃発した元弘《げんこう》の変でのことだ。この時、幕府軍には四人の大将軍がいたが、北条氏で占められたその中に唯一、尊氏が名を連ねていた。

実は直前に父の貞氏が死去していたが、尊氏は喪《も》に服すのを後回しにして幕府の命令通り出陣した。これを南北朝時代に書かれた歴史書『梅松論《ばいしょうろん》』は、幕府が無理に出陣を命じたものであり、このことへの反発が彼をのちの倒幕へ向けたと解釈する。しかし実際には、尊氏が望んで出陣したものであって、その背景には幕府に恩を売り、一族内での己の立場を安定させようとしていたことがあったのではないか、と考えられている。

そして二年後、後醍醐天皇が隠岐《おき》を脱出して三度目の倒幕に挑戦すると、再び尊氏に天皇打倒の命が下る。しかし、今度は尊氏側の事情が違った。出陣した彼はその途中、後醍醐天皇に使者を送って味方になることを宣言し、天皇もまた幕府打倒の綸旨《りんじ》を与えることでこれに応えたのであった。

この以前から尊氏と後醍醐天皇（およびその支持者たち）は接近していたようだ。勅撰和歌集『続後《しょくご》拾遺《しゅうい》和歌集《わかしゅう》』の中に尊氏の和歌が入っていることや、尊氏と同じく鎌倉にいた御家人たちの中に親天皇派というべき者がいたこと（代表格はのちにバサラ大名と呼ばれた佐々木道誉《ささきどうよ》）などが、両者の接近理由として挙げられる。このような事前の接近に加え、尊氏とともに出陣して本隊の大将を務めていた北条氏の武将が後醍醐天皇の軍勢に敗れて討ち死にしたことを受けての計算もあったのだろう。

天皇側についた尊氏は京における幕府の統治機関・六波羅探題《ろくはらたんだい》を攻め滅ぼし、幕府滅亡に大きな功績を挙げた。このことを後醍醐天皇も大いに称賛し、尊氏は建武の新政において厚遇された。武士でありながら昇殿を許され、鎮守府《ちんじゅふ》将軍に任ぜられ、また従四位下左《さ》兵衛督《ひょうえのかみ》とされ、さらに天皇の諱《いみな》「尊治《たかはる》」から一字を与えられ尊氏と名乗ることを許されている。もちろん、所領も広がった。

ただし、天皇としても尊氏を完全に信用したわけではなかったらしい。建武の新政における政権中枢を担った要職の中に尊氏の名前はない。名誉と褒賞《ほうしょう》は与えたが、政治からは遠ざけた。それが「建武中興第一の功臣」への後醍醐天皇の態度であったわけだ。

かたや、尊氏も六波羅探題打倒後に京で開いた奉行所を閉じないなど、北条氏に代わって武家政権を立てる野心を疑われても仕方のない部分があったようだ。

## 建武の新政と尊氏の決意

先述の通り、後醍醐天皇による建武の新政はスムーズに進まなかった。その原因の一つが、土地の権利については個別に綸旨を出し、これを唯一絶対の基準に据えたことだ。実際には土地の所有について長年育《はぐく》まれてきた慣習があったわけで、それを無視されては各地の武士たちが黙っているはずもない。

土地の裁定について御家人たちの不満が高まり、これに対応して「土地の所有は綸旨によってのみ決まる」という決定を翻さざるを得なくなると、今度は朝令暮改だと、また信頼を失う悪循環であった。

このような建武の新政への不満は、源氏の名門に生まれ幕府打倒でも功績が大きかった足利尊氏の下に、諸国の武士たちが結集する結果を生んだ。

一方、新政権内部でも不和があった。後醍醐天皇の皇子で征夷大将軍になった護良《もりよし》親王が尊氏を警戒していたが、彼が失脚した(あるいは尊氏らによって追い落とされた?)後は、新田義貞らが尊氏と対立した。

そんな中で建武二年(一三三五)、鎌倉幕府残党の北条時行《ときゆき》が挙兵する。尊氏の弟・直義《ただよし》が関東統治の拠点としていた鎌倉が陥落すると、尊氏は時行を討伐する任を与えてくれるよう天皇に訴えた。それも、護良親王失脚で空《あ》いていた征夷大将軍の職に就けた上での出陣を望んだのである。

天皇はこれを受け入れず、代わってまだ若い成良《なりよし》親王を将軍とした。しかし、尊氏は結局出陣してしまったので、後醍醐天皇は後付けで征東将軍の職を与え、その行動を認める形をとった。本来、征東将軍は征夷大将軍とあまり変わらない役職であったが、それでもここで「征夷」の名を使うことができなかったのは、鎌倉時代を経《へ》て「征夷」の言葉が特別なものになっていたのだろうと想像することができる。

「中先代《なかせんだい》の乱」と呼ばれるこの幕府残党の反乱は尊氏の出陣によってまもなく鎮圧され、尊氏は改めて鎌倉に腰を落ち着けた。混乱する東国の平定のために必要な行動だったのかもしれないが、後醍醐天皇ら新政権側からすれば、いつ第二の反乱勢力になるかわかったものではない。すぐに京へ戻るように伝えたが、足利氏の軍勢は動かなかった。

そうこうしているうち、尊氏の弟の直義と新田義貞の間で武力衝突が始まる。これを見た後醍醐天皇は、ついに尊氏が叛《そむ》いたかと追討の綸旨を発し、尊氏の官位を奪った。それでも後醍醐天皇と戦いたくない尊氏は寺に蟄居《ちっきょ》したが、そうこうしているうちに直義の軍勢が危機に陥《おちい》ったと知らせが入る。ついに覚悟を決めた尊氏は出陣し、反後醍醐天皇、反建武の新政の旗を掲げた。

## 室町幕府の成立

こうして始まった足利氏と後醍醐天皇らの戦い、つまりのちに言うところの北朝方・南朝方の戦いは、一進一退の激しい争いとなった。

鎌倉を出陣した尊氏の軍勢は当初、破竹の勢いだった。箱根で新田義貞の軍勢を破り、建武三年正月には京へ入った。ところが、ここで北畠《きたばたけ》顕家《あきいえ》（後醍醐天皇側近・北畠親房《ちかふさ》の子。尊氏が恐れた名将）の軍勢に追い落とされ、態勢を整えるために西国へ逃れることになる。尊氏は兵庫から船で北九州へ入り、筑前の多々良浜《たたらはま》で天皇方の軍勢を打ち破って、九州の太宰府《だざいふ》に腰を落ち着けると、九州中の武士たちを従えることに成功したのだ。

となれば、次は反撃である。尊氏の率いる軍勢は京へ向かって進む。途中の摂津《せっつ》湊川《みなとがわ》では、鎌倉幕府打倒でも活躍した楠木《くすのき》正成《まさしげ》の軍勢を打倒して正成を死へ追いやり、六月には再び京へ入った。

一方で尊氏は大義名分の獲得にも手ぬかりなかった。持明院《じみょういん》統《とう》の光厳《こうごん》上皇を擁立し、その院宣《いんぜん》（上皇・法皇《ほうおう》の命令を受けて院庁が発行する文書）をもらうことによって、私利私欲で戦っているのではないとアピールしたのである。京に入った後は、その光厳上皇の弟を光《こう》明《みょう》天皇として即位させ、後醍醐天皇から天皇の証《あか》しである三種の神器《じんぎ》を引き渡させ、天皇を幽閉した。こうして尊氏ら足利氏こそ官軍であり、新田や北畠らは賊軍である――と謳《うた》うはずが、残念ながらそうはいかなかった。後醍醐天皇が幽閉先を脱出し、大和国吉野《やまとのくによしの》へ逃《のが》れて自分こそが引き続き正統の天皇であるとアピールしたからだ。

こうして二人の天皇が並び立つ南北朝時代が始まった。長い日本の歴史の中でもほかに例を見ない特異な時代である。京には足利尊氏が擁立する持明院統の北朝が立ち、その南に位置する吉野には大覚寺統の後醍醐天皇が南朝を立てた。

南北朝の戦いの一方で、尊氏は新たな政権をつくる作業に着手している。その象徴になったのが、十七カ条の法令集『建武式目』だ。この中では政権の中心地を従来の鎌倉ではない場所（おそらくは京）につくることの示唆《しさ》など、尊氏の政権の方針が提示されている。それゆえに、この式目を持って室町幕府が成立したとするのが通説になっている。その後、尊氏には北朝から念願の征夷大将軍の職が与えられ、新しい武家政権の改めて権威による裏付けがなされた。

## 観応の擾乱

南北朝の戦いは当初、北朝有利で進んだ。北朝方の攻撃によって南朝方の拠点は次々攻め落とされ、後醍醐天皇の皇子たちもあるいは捕らえられ、あるいは殺された。北畠顕家や新田義貞ら名だたる武将も次々討ち死にし、さらに暦応《りゃくおう》二・延元《えんげん》四年（一三三九）、後醍醐天皇も病に倒れてこの世を去ったのである。

このまま南北朝の動乱は短期間で終結し、天下は室町幕府のもとで統一されるはずが、そうはならなかった。幕府が二つに分裂してしまったのである。一方は尊氏方、そしてもう一方は直義方だった。いわゆる「観応《かんのう》の擾乱《じょうらん》」だ。

建武の新政時代から南北朝時代の初期まで、尊氏を強力に支えてきたのは弟の直義だった。特に室町幕府設立後、兄弟は幕府の権限を分割して、それぞれの担当分野をしっかり担う二頭政治を行なっていた。

尊氏が担当したのは主に軍事面だ。軍事を司《つかさど》る侍所《さむらいどころ》はもちろんのこと、将軍の直轄軍を支える直轄地経営が担当に入っている政所《まんどころ》、そして合戦には欠かせない恩賞を担当する恩賞方などの組織が将軍の支配下に入っていた。かたや、直義が管轄したのは司法や行政組織——特に、武士たちが重視した所領問題の裁判であった。直義の務めを『梅松論』は「御政道」と表現し、その権限はあくまで尊氏から与えられたものであることを明記している。

兄弟による協力体制は十年余りにわたってうまく機能した。もともと両者の関係が非常に良好で、尊氏は清水寺《きよみずでら》に「現世の幸福は直義に与え給《たま》え」と祈ったほどだったからだろう。

しかし、一つの組織に二人のリーダーがいれば、両者がどれほど親しくても必ず軋轢《あつれき》が生まれるものだ。室町幕府の場合、尊氏の執事《しつじ》（補佐役）である高師直《こうのもろなお》と直義の不和が決裂のきっかけになってしまった。背景には、どちらかといえば保守的で法律・文書による手続きを重視する直義に対して、師直は武力による問題解決を是《ぜ》とする急進派の代表者という問題があったようだ。

両者とその支持者は幕府の主導権をめぐって激しく争ったが、貞和《じょうわ》三・正平《しょうへい》二年（一三四七）から翌年にかけての南朝軍との戦況——直義派は苦戦したが、師直派は南朝の本拠地である吉野を攻め落とす大勝利を遂げたことで、両者のパワーバランスがはっきり傾く。結果、貞和五・正平四年には、ついに直義が尊氏に強く迫って師直を執事の座から引きずり下ろすに至った。

もちろん、そんなことをすれば師直が黙っているはずがない。軍事力に勝る彼は同年のうちに京へ兵を集めて直義を脅し、直義およびその支持者たちから実権を奪って、自らは尊氏の執事に戻ったのである。

「御政道」の権限を失った直義が出家して僧侶になったことで一連の内紛は終わったかに見えたが、まだ火種は残っていた。それは尊氏の実子で直義の養子になっていた直冬《ただふゆ》の存在である。

この直冬が複雑な経歴の男だった。尊氏の子なのに長く認知されず、父が将軍になった時に名乗りを挙げたが認められず、見かねた直義が己の養子に迎えたのである。直冬はこの頃、九州で大きな勢力を誇っていた。

そんな直冬を滅ぼそうと画策する尊氏・師直と、西国を拠点にまだ戦おうとする直冬が睨み合う中、直義が動いた。なんと彼は京から大和へ逃れて再び兵を挙げ、しかも不倶戴《ふぐたい》天《てん》の敵だったはずの南朝と手を結んでしまったのである。観応元・正平五年（一三五〇）年のことだ。

これによって追い詰められたのは師直、そして尊氏である。翌年には尊氏の嫡男・義詮《よしあきら》が京を追われ、尊氏・師直も摂津打出浜《うちでのはま》の合戦で直義らの軍勢に完敗を喫した。結局、尊氏が直義と和睦《わぼく》を結び、師直は出家ですむはずが、直義派の手の者によって殺害される。今度こそ内紛に決着がつくか、と思えばそうではなかった。

義詮を頂点に直義が補佐する、という政治形態がうまくいかなかったのが原因らしい。両陣営の協調は間もなく破れ、直義は京を逃れて北陸で態勢を整え、それから鎌倉へ入ったのだが、この時点で直義と南朝の関係も破綻《はたん》していたので、三つの勢力が睨み合う形になったのだが、尊氏は驚くべき手に出た。なんと、南朝に降伏してしまったのである。そうして畿内を一時的に安定させた上で、鎌倉へ出陣したわけだ。

この大胆な行動の結果、尊氏は直義の軍勢を打ち破って鎌倉へ入った。捕らえられた直義は服毒死を遂げたが、尊氏派によって殺されたものと考えられている。こうして足利兄弟の政争である観応の擾乱は終わった。

しかし、それでも天下泰平にはほど遠かった。再び関係が決裂した南朝の軍勢はいまだ各地で活発であり、直冬も再び京から義詮を追い落とすなど、戦意を失ってはいなかったからだ。尊氏・義詮の戦いは続くことになる。

直冬との決着は早かった。尊氏は一年足らずで京を取り戻し、これによって直冬および直義派残党の勢いは一気に衰える。中国地方を点々とした後、山名氏に庇護された直冬は、山名氏が幕府に従った時に一緒に降伏したものと思われる。甥《おい》にあたる三代将軍・義満《よしみつ》によって石見《いわみ》に流されたようだが、いつ死んだかもよくわからない。

一方、南朝の抵抗は頑強であり、尊氏はこれを鎮《しず》めるために九州への征伐を行なおうとしていたところ、病に倒れてこの世を去った。彼が残した課題の多くは、息子の義詮、孫の義満へ引き継がれることになる。

その生涯は、後世に「後醍醐天皇を裏切った逆賊」や「血で血を争う内乱で弟を殺した男」とも「室町幕府を築いた英雄」とも見なされる毀誉褒貶《きよほうへん》激しいものだった。しかし、建武の新政に問題が多く安定しなかったこと、また尊氏・直義の二頭政治が不安定であり、次代に向けて権力を一本化させる必要があったことを思えば、やはり尊氏の振る舞いは国家の安定に寄与しており、英雄として評価されるべき人物であろう。

では、その英雄であった彼はどんな人間だったのか。足利尊氏は実際にどのような人格の持ち主で、人々は彼をどんな存在だととらえていたのだろう。今となってはわからない部分も多いが、記録をもとに追いかけてみたい。

『太平記』ほかの史料からは、すでに紹介したような「朝敵になったとたん、弱気になってしまう尊氏」のあたりから、情緒不安定な印象が強い。

一方、諸武家に伝わる伝説からも見えてくる人物像がある。『三浦和田中条文書』に記された三浦和田家の伝説に曰《いわ》く、尊氏は戦功を挙げた三浦茂資《みうらもろすけ》に、自らが身につけていた母衣《ほい》という布を与え、またそこにあった文様のカタバミを和田家の家紋にするよう伝えた。同じような話が幾つかの武家、あるいは寺院などにも残っていて、当時の武士たちが尊氏に「そのときそのときの感情に従い、情熱的に人を褒《ほ》め、褒美《ほうび》を与えてくれる情愛深い人」とのイメージを持っていたことがわかる、と指摘されている。

そうすると、尊氏という人は「ときに不安定になることもあるが、むしろそのことが魅力的にもなるカリスマ」だったのではないか。あくまで記録や伝説からの逆算であり、誇張や脚色の影響は受けているかもしれないが、大きく離れてはいないと思うのだが、どうだろうか。

## 〈二〉室町幕府二代将軍・足利義詮（一三三〇～一三六七）

### 世の中が思う通りにならずとも

二代足利将軍の義詮《よしあきら》は、鎌倉幕府滅亡から南北朝時代初期を戦い通した初代・尊氏と、南北朝時代を終わらせた三代・義満《よしみつ》の間に挟まれて、いまひとつ影の薄い足利将軍かもしれない。このあたり、のちの江戸幕府・徳川将軍の二代目である徳川秀忠《とくがわひでただ》もどこかしら目立たず、似ている気がする。

しかし、なぜ彼らが目立たないかと言えば、初代がいなくなった後に起きる混乱をきっちり抑え込んで、大胆な体制構築ができる三代目へ政権を譲ることができたからだ。これに失敗すると、鎌倉幕府・源家将軍二代目の頼家《よりいえ》のような目にあう。「目立たない二代目」を侮《あなど》ってはいけないのである。

義詮は千寿王《せんじゅおう》と呼ばれていた幼少期からたびたび厳しい境遇に置かれていた。尊氏が後醍醐天皇を討つために出陣した際には鎌倉幕府によって人質にされており、尊氏が反旗を翻した際には北条方の追手を逃れて鎌倉を脱出している。幕府滅亡後も関東に残され、建武の新政期、あるいは南北朝の騒乱の中で尊氏の名代《みょうだい》としてたびたび担がれるなど、安穏《あんのん》とした幼年期とは無縁だったはずだ。延元二年（一三三七）年に北畠顕家らの軍勢が鎌倉を襲ったときには、諸将が鎌倉を逃れることを提案する中、まだ八歳にすぎない義詮が「退《ひ》くにしても戦わずに退くのでは名誉が立たない」といった主張をして戦うことを決めた、という話が伝わっている。

観応の擾乱を経て叔父の直義、異母兄の直冬らが室町幕府から離れていく中で、義詮こそがこの新たな武家政権の頂点に立つことが定まった。そのため、父・尊氏が死ぬとそのまま彼が征夷大将軍になったわけだが、治世がすぐさま安定したわけではない。室町政権を支える有力守護（のちに守護大名の呼び名が定着する）たちは尊氏の武力と名声に従っていたのであって、息子にすぎない義詮に従ういわれはない——そう思っていた者も多いはずだからだ。

実際、南北朝の動乱を描いた歴史物語『太平記』が、義詮の心境を「世の中のことはなかなか自分の思うようにならない」と描いているあたりも（軍記物がどのくらい正確に彼の心境を描けているかどうかはわからないにせよ）、当時の義詮が保持していた権力が心もとないと見られていたことの証拠にはなろう。

幸いなことに、義詮はこの頃には三十歳を目前にしたひとかどの武将であり、南北朝の騒乱の中でも戦功を重ねていた。そのために鎌倉幕府の頼家の時のように実権を奪われることはないが、有力武将たちの反抗を警戒しなければいけないことに変わりはなかった。そこで義詮は南朝との戦いに目を向けさせることで、これを抑えようとした。しかし、なかなか幕府内の内紛・対立を抑えることはできず、家臣を疑ったせいで背《そむ》かれ、一時、京から逃げねばならなくなったこともある。

それでも義詮は奪われた京をすぐさま取り返し、守護たちを従え、室町政権の安定に大いに寄与した。彼の時代、その政権（幕府）は三条《さんじょう》坊門《ぼうもん》の地にあったので、「坊門殿」と呼ばれた。

## 父の後始末

義詮は南朝の相手をしながら諸大名同士の争いもしなければならず、大いに苦労した将軍と言える。その背景に、父の後始末をしなければならなかった、という事情もあったようだ。

というのも、尊氏はすでに紹介した通り、鷹揚《おうよう》で気前のいい人だったから、戦争で活躍した武将にきちんと調べないまま、「どこそこの土地を与える」と恩賞を出してしまう癖があったらしい。結果、複数の武将がひとつの土地をめぐって、「尊氏さまから褒美《ほうび》にもらった」と主張することになる。

結局、この問題は「日付が古い方を正式なものとする」として解決が図られたが、その後も揉《も》めごとの種になり、ついには大名同士の対立に至り、義詮は解決に奔走《ほんそう》することになった。

そんな義詮であるが、貞治《じょうじ》六年（一三六七）に病に倒れ、そのまま亡くなってしまった。将軍就任時期は十年ほど。南北朝の統一、政権の安定という課題は、さらに次代へ託されたのである。

## 〈三〉室町幕府三代将軍・足利義満（一三五八〜一四〇八）

### 時代を変えた男

足利義満《よしみつ》は室町幕府二代将軍・義詮の子として、南北朝動乱の只中《ただなか》に生まれた人である。春王と呼ばれた幼少期、彼もまた危機に晒《さら》された。康安《こうあん》元年（一三六一）に南朝の軍勢が室町幕府の本拠地である京を襲ったため、義詮と後光厳《ごこうごん》天皇は近江《おうみ》へ逃れざるを得なかった。やがて北朝と室町幕府は京を取り戻すことになるのだが、義満は近江から移った播磨《はりま》で、しばらく守護の赤松則祐《あかまつのりすけ》に養われていた。

その後、義詮が亡くなり、春王は足利氏の家督を継承する。しかし、まだ十歳と幼かったため、足利一門の有力者である細川頼之《ほそかわよりゆき》が政務を統括する管領《かんれい》となって補佐した。元服して義満を名乗り、将軍に就任したのは十一歳、政務を行なうようになったのは十五歳の時だ。この間、頼之が実権を独占したが、武将たちの不満が高まったので、義満は康暦《こうりゃく》元年（一三七九）、足利氏の一門である斯波義将《しばよしまさ》を管領にした。管領職はこの二家から選ぶのが通例であったが、のちに義満は同じく一門の畠山《はたけやま》氏を抜擢《ばってき》し、以後、三管領家と呼ばれることになる。

義満はいろいろな意味でエポックメイキング《画期的》な人だった。

まず、「室町幕府」の呼び名は義満に由来する。彼が父の時代の三条坊門から北小路室町《きたこうじむろまち》に移り、ここに「花の御所」と呼ばれる邸《やしき》を築いた。このため、義満は「室町殿」と呼ばれるようになり、後世の人は足利将軍を頂点とする武家政権を室町幕府と呼んだ、というわけだ。「鎌倉殿」と「鎌倉幕府」の関係と同じと思えばいいだろう。

本書冒頭でも紹介したが、征夷大将軍が「源氏長者、奨学院《しょうがくいん》・淳和《じゅんな》院《いん》別当」を兼ねるというのも、義満以降の伝統だ。

源氏長者は文字通り「源氏の頂点に立つ者」の意味で、武家のトップという意味があったと思われる。一方、奨学院は大学別曹《だいがくべっそう》（教育施設）で、淳和院は離宮である。源氏長者といっても何かしら実権があったわけではなく、奨学院は十二世紀には衰え、淳和院も戦国時代には廃《すた》れたようだが、三つとも役職・称号としては残っていた。ちなみに、別当は長官の意味。

そして、源氏長者並びに両院別当の座は、村上源氏の一族である久我《こが》・堀川・土御門《つちみかど》・

中院《なかのいん》家が代々継承していたが、その地位を義満が奪って、以後は武家政権の主人たる征夷大将軍が受け継ぐことになったのである。

ただし、義満時代の将軍としてのあり方が、そのまま後世に残ったわけではない。彼は武家の頂点であるとともに公家としての顔も持ち、太政大臣《だじょうだいじん》にまでなって武家・公家双方の頂点に立ったが、このような性格は以後の将軍たちにはあまり見られない。

## 南北朝の統一

義満の偉業はまだまだある。彼は祖父・尊氏、父・義詮から有力守護たちの統制と南朝の打倒という二つの宿願を受け継いだ将軍である。そして、見事にそれを成し遂げたのだ。

内に向かっては、明徳《めいとく》二年（一三九一）の「明徳の乱」が契機になった。山陰から近畿にかけて大きな勢力を誇り、全六十六カ国のうち六分の一の守護職を独占して「六分一殿《ろくぶのいちどの》」と呼ばれた山名氏による反乱である。義満は山名一族内部の内紛に乗じてその勢力を削ろうとし、これを受けて挙兵した山名氏の軍勢を京で打ち破った。結果として山名氏の勢力は衰え、義満は強固な支配体制をつくり上げる。

こうして幕府内部がまとまったので、ようやく外の敵――南朝との決着をつけられるようになった。義満が選んだのは南朝を討ち滅ぼすことではなく、南北朝が合体して平和裡《へいわり》に動乱を収めることだった。源平の合戦の際、平氏が擁していた安徳《あんとく》天皇が壇ノ浦で入水《じゅすい》自殺し、三種の神器のうち草薙剣《くさなぎのつるぎ》が失われた。そのような悲劇を防ぎたかったのかもしれない。何しろ、滅ぼした方の源氏も将軍家の血筋は三代で絶えてしまった。そこに天皇の祟《たた》りがあった、とまで考えたかどうかはわからないが、南朝の滅亡までは望んでいなかったようだ。

もちろん、南朝側としても無条件降伏などするはずがない。交渉が重ねられた結果、かつての両統迭立《てつりつ》状態（交代で天皇を輩出すること）に戻ることなど、いくつかの条件が出され、これを北朝（実際には室町幕府、すなわち義満が主導したようだ）がのんだので、和睦《わぼく》がなった。皇位継承の証しとなる三種の神器が南朝の後亀山《ごかめやま》天皇から北朝の後小松《ごこまつ》天皇へ受け渡され（三種の神器は後醍醐天皇と尊氏の和睦の際に尊氏方に引き渡されているが、江戸時代に書かれた歴史書『続史愚抄《ぞくしぐしょう》』によると、三種の神器は「偽物」であると記されている）、南北朝の動乱は終わったのである。

しかし、この和睦はあまり幸福な形には終わらなかった。義満は大覚寺統の皇族たちを出家させて天皇の座を継がせないなど、南朝との和睦条件をほとんど反故《ほご》にしてしまったからだ。そのため、大規模な動乱としての南北朝の戦いは終わったが、南朝残党そのものは少なからず残ることになり、以後もたびたび幕府を脅かすことになった。

## 勘合貿易と北山文化

義満の業績としてよく知られているものにもう一つ、中国との間に断絶していた外交関係を再開させ、勘合貿易《かんごう》(日明貿易《にちみん》)を開始したことがある。これは渡航を認められた正式な貿易船であることを示すのに「勘合」、つまり合わせると一つになる身分証を用いたところからきた名前である。

日本と中国の間の貿易自体はそれ以前からあって、たとえば九州の大内氏《おおうち》などが独自にやっていた。義満は貿易開始に先立って大内氏を攻めており、これもまた貿易独占のための行動だったのではと考えられている。

しかし、国と国の関係としての外交・貿易を始めるためには、互いの国の事情が重要になる。中国の方はどうだったのか。実は中国では元《げん》王朝に代わって明王朝が立っており、近隣諸外国との外交チャンネルを求めていた。そこに義満が乗ったのだが、ここで一つ、特別な出来事が起きた。

明側からの書状に「日本国王源道義《にほんこくおうげんどうぎ》」と記され、また義満から送った書状にも「日本国王臣源」と記してあったのである。その背景には、中国側としては「天皇の家臣」としての義満とは交渉ができないという判断があったらしいのだが、加えて義満側としても「日本を支配しているのは自分なのだから国王を名乗ってもいいのではないか」なる思いがあったのではないだろうか。

しかし、義満が天皇でもないのに日本国王を名乗ったこと、そして何よりも明の皇帝に従う「国王」という立場（貿易もその第一は朝貢貿易、つまり従属国が貢物《みつぎもの》を差し出し、その代わりに贈り物を賜《たまわ》るという形）を選んだことが屈辱的《くつじょくてき》な態度であると、当時の人々から強く批判されることになったのも事実である。

それでも義満がこのような振る舞いをしたのは、一つには貿易による利益が絶大なものであったこと。そして、もう一つは外交を自ら行なうことで改めて支配者としての自分を知らしめたかったことがあるのだと考えられる。

それから、北山《きたやま》文化の推進者としての義満も忘れるわけにはいかない。義満が京都の北《きた》山《やま》に築いた別荘「北山第《てい》」にちなんで名付けられたこの文化は、武家・公家双方の顔を持ち公家文化を愛した義満の性格を反映し、両者の文化を融合させたものであった。その代表格は今も観光地として名高い金閣寺《きんかくじ》であろう。

なお、義満については同時代の人である後円融《ごえんゆう》天皇との不仲や、「日本国王」の一件、さらには母方の血筋が天皇家に繋がることなどもあって、「天皇の位を簒奪《さんだつ》しようとしたのではないか？」という疑い、批判がなされてきた。幕末期には尊皇攘夷《そんのうじょうい》の志士によって「義満をはじめ尊氏・義詮といった足利将軍の木像の首をわざわざ落とし、逆賊と札《ふだ》をつけて晒《さら》す」などといった事件まで起きている。

しかし、近年の研究では、天皇との不仲は個人的なものであって義満が朝廷と対立していたというわけではなく、「日本国王」の件も外交上の必要に迫られてのものであって、不遜《ふそん》・簒奪については濡《ぬ》れ衣《ぎぬ》であると考えられるようになっている。

## 室町幕府の統治体制

義満の時代、室町幕府の仕組みも大まかに固まった。

まず将軍の補佐役として管領が設置された。この役職に就けるのは足利一門である細川、斯波、畠山の家の者だけで、交代で就任した。

その下には侍所、政所、評定衆が置かれた。侍所は軍事担当で鎌倉幕府時代のそれとほぼ同じだが、京の治安維持や裁判なども管轄し、四識《ししき》と呼ばれる赤松《あかまつ》、京極《きょうごく》、山名、一色《いっしき》の家が代々所司《しょし》（長官）になった。政所は将軍家の家政を担当する。評定衆も鎌倉幕府時代に引き続きあったが、やがて名ばかりになったようだ。

各地の武士は各国に配された守護によって統治された。一方、京より遠い地域については直接コントロールすることが難しかったためか、現地支社とも言うべき機関が設置された。関東府、九州探題、奥州探題（のちに羽州《うしゅう》探題が独立）である。しかし、関東府はたびたび動乱の種になったし、九州探題や奥州探題らは応仁《おうにん》の乱以後には有名無実化してしまっている。

## 〈四〉室町幕府四代将軍・足利義持（一三八六〜一四二八）

### 義満時代の否定

三代将軍・義満の子として生まれた足利義持《よしもち》は、応永《おうえい》元年（一三九四）に元服し、また征夷大将軍に任ぜられ、将軍の屋敷である室町第の主人になった。当然、九歳の少年に政務など見られるはずもない。政治の実権は新しく造られた屋敷の北山第に住み、「北山殿」と呼ばれた義満の手にあり、重要な政治決断は常に義満によって行なわれたのである。いわゆる平安時代の院政、あるいは江戸時代の大御所政治を彷彿《ほうふつ》とさせる政治体制と言えよう。

しかもこの時期、義持は義満の後継者の地位さえ確実ではなかったようだ。それは、父・義満の寵愛《ちょうあい》が異母弟・義嗣《よしつぐ》に向けられたからである。その愛情の象徴として、後小松天皇による北山第行幸の際、天杯（天皇から与えられる酒杯）をわざわざ義嗣に受けさせたエピソードが知られている。

そして、応永十五年、義満が死んだ。彼は自分の後継者のことをどう考えていたのだろうか。愛する息子・義嗣に己の後継者としての立場を与えたかったのかもしれない（その場合、義持は弟に従う征夷大将軍であっただろうか）。実際、そのような噂は立ったようだ。しかし、斯波義将ら重臣たちが義持を擁立したので、彼は弟の下風に立たずにすんだのである。

実権を掌握した義持は、義満時代を否定するような政策を次々に打ち出した。死後の義満に「太上法皇《だいじょうほうおう》」という本来なら天皇にしか許されない称号を与えるとなった際、辞退したのはその象徴的な出来事といえよう。父が始めた勘合貿易も、明に対して臣下の礼を取ることを問題視し、中止している。

一方、異母弟・義嗣はどうしていたのか。彼は兄に反逆し、将軍の座を奪い取ろうと画策した。ちょうどその頃、関東で発生しつつあった問題と連動しての動きだった。

室町時代の関東（東国）は、足利一族の関東公方《かんとうくぼう》（鎌倉公方）をトップとする関東府（鎌倉府）によって統治されていた。最初は足利義詮がこの地位にあったが、足利直義が失脚すると京に呼び戻され、その代わりに弟の基氏《もとうじ》が関東公方になった。以後代々基氏の血筋が関東公方の職を継承し、また関東の有力武将である上杉氏が補佐役・関東管領の役職を受け継いだ。

しかし、幕府と関東府の間に権力の綱引きがあり、また関東公方も同族ながら格上の将軍にライバル心を持ったようで、揉めごとの火種は以前からあったのだ。

そんな中、四代関東公方の足利持氏《もちうじ》と関東管領・上杉氏憲《うじのり》（禅秀《ぜんしゅう》）が相争う乱が起きた。義嗣は氏憲に乗る形で兵を挙げたのである。だが、この試みは結局うまくいかず、追い詰められた義嗣は捕らえられ、幽閉されたのち、殺されてしまった。

ちなみに、関東公方の「公方」。公の権力を持つ者「公家の方」を略した呼び名であり、元は天皇および朝廷を指したが、鎌倉時代以後、幕府や将軍あるいは一族のことを呼ぶようになった。

## 室町時代の基盤をつくる

義持の政策・業績としてはどのようなものがあったとされるか。天皇家の血筋が分裂していたのを合流させ、のちのちの揉めごとの種を絶ったこと。足利将軍家は天皇を超えかねない存在ではなく、補佐役の位置にとどめ、武家政権を安定させたこと。これらはよい成果であったと言えるだろう。

一方で、彼の治世の頃には富が京へ集まるようになって庶民の暮らしが苦しくなり、各地で一揆が見られるようになった。さらに地方紛争もたびたび巻き起こったことは負の側面として記しておかなければならない。

また、政治体制も少なからず変わった。武家・公家問わず絶大な支配力を誇り独裁的な君主というべき立場にあった義満時代に対して、室町幕府の治世はおおよそ「守護連合政権」とも呼ばれる、有力守護大名が幕政に口を出す（時に次期将軍さえ左右することもあった）形であったと見られている。その転換点は義持の時代にあったと考えられた。将軍としての治世の終わりに、義持は将軍の地位を息子の義量《よしかず》に譲り、自身は出家した。実権は握ったままであったが、やがて義量自身に親政を行なわせるつもりであったろう。しかし、残念ながらそうはいかなかったのである。

## 〈五〉室町幕府五代将軍・足利義量（一四〇七〜一四二五）

### 父の期待を一身に受けるも

室町幕府五代将軍・足利義量《よしかず》について語れることは少ない。なぜなら、十七歳で将軍になってからわずか二年で亡くなってしまったからだ。どうも将軍になる少し前から病むことが多く、そのまま亡くなってしまったということである。

その死因としてよく語られるのが、義量の酒好きだ。そもそも父・義持が酒好きだったらしいのだが、それを受け継いで義量も飲酒を好み、しばしば飲み過ぎた。だから、義持は以前から飲み過ぎを諫《いさ》め、側近たちにも酒を飲ませないよう命じた、とされる（ただし、このような禁酒令はあくまで義持の禁欲的な方針によるものとして、義量の飲酒癖を疑う意見もある）。

息子を失った義持は、新たな将軍を指名しなかった。跡を継がせることができる男子はいなかったが、弟が四人出家していた。政権安定のことを思えば、彼らのうち誰かを還俗《げんぞく》させて後継者にするのが当然であったはずだ。しかし、義持自身は出家したまま、将軍職は空位としつつ、政治を行なった。そのため、将軍職にはしばらくの間、空白期間がある。

そして、義持もまた倒れた。それだけではない。彼はそのまま後継者を誰にすると言わぬまま、亡くなってしまったのだ。その背景にあったのは「後継者を決めても守護たちが従わなければ意味がない」という諦念《ていねん》であったとされ、やはり義満時代の独裁政治から義持時代には合議的体制に変わっていたことがわかる。

コラム

# 将軍だった後醍醐ブラザース

建武の新政、および後醍醐天皇から連なる南朝にも征夷大将軍がいた。実は後醍醐天皇の皇子たちが征夷大将軍に任命され、武家の統制や足利氏ら室町幕府との戦いに働いたのである。本書でメーンテーマとする武家政権の長としての征夷大将軍とは少し毛色が違うが、征夷大将軍に違いはない。そこで、彼らの生涯とエピソードをこのコラムで紹介することにしたい。

**護良親王（一三〇八～一三三五）――父に裏切られた悲劇の将軍**

建武の新政で最初の征夷大将軍になったのが後醍醐天皇の皇子、護良《もりよし》親王である。一般に「もりよし」と読むが「もりなが」とする説もある。

この人は仏門に入って天台座主《てんだいざす》（天台宗のトップ）に二度なった人で、最初は延暦《えんりゃく》寺大塔《だいとう》に入室したので、大塔宮《おおとうのみや》の名で知られている。しかし、当人の気質ははっきり武人であったらしい。

その背景には、後醍醐天皇が彼を皇太子にしようとしたところ、幕府の横槍によってかなわず、僧侶になる道を選ばされたことがあったようだ。幕府からすれば、後醍醐天皇はこの頃すでに正中の変などもあって警戒すべき対象者だったから、その親王を皇太子にするのは避けたかったのだろう。

だが、護良親王からすれば、幕府への反感を育てる結果となったのも無理からぬことだ。結果として彼は武士顔負けの武勇の士となった。また、当時の天台宗比叡山延暦寺は呪詛《じゅそ》という実際に効果があると信じられた魔力と、僧兵による武力を兼ね備えた強力な集団でもあった。

その力は後醍醐天皇による武力蜂起の際に遺憾《いかん》なく発揮された。幕府は攻撃目標として後醍醐天皇だけでなく、護良親王のいる比叡山も同時に選んだ。それだけ危険な存在と見られていたのである。

そんな護良親王は、幕府打倒後の建武の新政において、征夷大将軍の地位を自ら望んだとされる。その理由は南北朝時代を描いた代表的な軍記物である『太平記』の語るところによれば、「北条は倒したが、足利尊氏が武家政権に戻そうと隙を窺《うかが》っている。威厳で睨みを効《き》かす者が必要だ。自分が幕府の上将となって天下を守らなければならない」といったことであったらしい。

実際、護良親王は幕府打倒直後から尊氏を警戒していた。なかなか京に入らず兵を構えたままで「尊氏を排除するべき」と主張し、後醍醐天皇から「僧侶に戻れ」と言われても反発する始末（それが先の台詞《せりふ》である）。結局、後醍醐天皇は息子の要望を受け入れて彼を征夷大将軍にする代わりに、尊氏打倒の主張を引っ込めさせたのだった。

こうして元弘《げんこう》三年（一三三三）に征夷大将軍となり、建武の新政における軍事の頂点に立った護良親王は、当然のことながら足利氏から警戒された。しかも父・後醍醐天皇との関係もすぐに悪化してしまう。結果、同じ年のうちに将軍の座から追われ、尊氏を襲うも失敗。翌年には「天皇の座を狙う陰謀を企んだ」と疑われ、ついには謀反人《むほんにん》として鎌倉へ配流の憂《う》き目《め》にあってしまうのだった。

この一連の出来事を『太平記』は足利氏による誹謗《ひぼう》があったとし、足利寄りの史料である『梅松論』は「尊氏襲撃は後醍醐天皇が黒幕として命じたものであったが、失敗するや護良親王の独断でやったことと切り捨てたのだ」といった説明をしている。なんにせよ、護良親王は罠に嵌《は》められたのだと考えていいだろう。

建武二年（一三三五）、護良親王を最後の悲劇が襲う。北条氏の残党が鎌倉を攻めた中先代の乱において、この地を守っていた足利直義は撤退に際して彼を始末してしまったのである。政敵を排除する合理的判断だが、なんとも無情な話だ。

こうして護良親王は死んだ。しかし、その悲劇的な死、また彼が警戒した足利氏が実際に後醍醐天皇に謀反を起こしたことから、後世には報《むく》われなかったヒーローと見なす声が強くなった。そのため、幕府方に捕らえられるも家臣が身代わりになって自決した（ゆえに救われた）シーンや、怨念に満ちた最期のシーンなどは、『太平記』に登場する名シーンとしてよく知られている。また、「実は命を救われ生き延びた」とする伝説も残っている。

## 成良親王（一三二六～一三四四？）――皇太子になった将軍

一般に「なりよし」と読むが、「なりなが」とも読む。

成良《なりよし》親王も後醍醐天皇の皇子だが、嘉暦《かりやく》元年（一三二六）生まれだから後醍醐天皇が挙兵した頃にはまだ幼く、護良親王（あるいはこの後に紹介する宗良親王）といった兄たちと違って倒幕運動に参加したわけではない。

そんな彼は鎌倉幕府が滅んだ後の元弘三年、鎌倉将軍府（建武政権の関東統治機関）に派遣されている。東国の武士を統治するためだが、まだ八歳の成良親王にそんなことができるはずもない。実際に武士たちへ睨みを利《き》かせるのは、執事として親王に従って下向していた足利直義の仕事だ。親王に求められていた役割は、「後醍醐天皇の皇子」という立場であろう。いわば、鎌倉幕府における摂家将軍や親王将軍と同じ役目を期待されて、幼い皇子は東国へ送られたのである。

残念ながら、すでに紹介したとおり、建武の新政の軍勢は鎌倉を放棄せざるを得なかったのだが、戻ってきた成良親王は征夷大将軍に任ぜられた。このような体制は鎌倉幕府と同様で、高貴な血筋の傀儡《かいらい》将軍の下に実権を握る北条氏を置いていた体制を思わせる。建武の新政は名目上武家政権ではなく公家の政権であった。しかし、実態としては鎌倉幕府に近い武家政権としての属性を持っていた。成良親王の征夷大将軍就任こそ、その証拠と言えよう。

このまま足利氏が後醍醐天皇の下につきつつ、大きな権限を有するような体制も、もしかしたらあり得たかもしれない。しかし、実際にはそうはならず、建武政権は分裂して再び動乱の時代がやってくる。

ただ、動乱の中でも和睦《わぼく》の試みがなされたことは何度かあり、その中の一つに成良親王がかかわっている。建武三年に足利尊氏が擁立した光明《こうみょう》天皇が即位し、また後醍醐天皇が降伏した際、成良親王が光明天皇の皇太子になったのである。これがかなえば、両統迭立が続くということになり、平和裡《へいわり》に事態が解決するということもあったかもしれない。しかし、この年のうちに後醍醐天皇が京を脱出したため、南北朝相並ぶことになり、動乱は長引くことになった。

その後、成良親王は足利方に捕まって幽閉され、毒殺されたようだ。しかし、別説もあって、いつ死んだかははっきりとしない。

## 宗良親王（一三一一～一三八五？）――南朝劣勢の中を生きた将軍

宗良《むねよし》親王も後醍醐天皇の皇子である。彼もまた早い時期に仏門に入っており、尊澄《そんちょう》法親王《ほうしんのう》と呼ばれ、護良親王の後に天台座主を務めた。

父帝が挙兵した際には共に立ったが、幕府軍に敗れ、捕らえられて讃岐《さぬき》へ配流されてしまった。その後、建武の新政が成立したので呼び戻され、再び天台座主となった。護良親王が拒否したので、代わって天台座主になる皇子が必要だったのだと考えられている。

しかし、残念ながら彼はそのまま仏門に入ったままというわけにはいかなかった。南北朝の騒乱が始まってしまったからだ。宗良親王と名を改め還俗《げんぞく》し、以後、南朝側の主要人物の一人として北朝側と戦うことになる。伊勢から海路東国に入る予定が嵐で遠江《とおとうみ》へ流れ着き、信濃《しなの》を拠点に各地で戦った。なお、この時期に彼が一時滞在した井伊谷城《いいのやじょう》の城主・井伊氏は、のちの戦国時代に徳川四天王の一人、井伊直政《いいなおまさ》を世に出している。

足利尊氏が南朝側に降伏していた観応二・正平六年（一三五一）、宗良親王は鎌倉占領に成功し、翌年には征夷大将軍になった。

だが、南朝が劣勢に追い込まれる中で活動も衰え、やがて弘和《こうわ》年間（一三八一～一三八四）の終わりから元中《げんちゅう》年間（一三八四～一三九二）の初め頃のどこかで亡くなったとされる。南朝の年号はこの元中で終わり、実質的な北朝の勝利で南北朝動乱の時代が決着するため、宗良親王以後、南朝の征夷大将軍は出ていない。

個人としては歌人であったことが知られ、自詠歌集『李花集《りかしゅう》』および南朝の人々の和歌をまとめた『新葉和歌集《しんようわかしゅう》』が残っている。

# 第三章

# 【室町幕府篇】足利将軍の正体 其ノ二

## 〈一〉室町幕府六代将軍・足利義教（一三九四〜一四四一）

### クジで選ばれた将軍

七百年近い武家政権の歴史をひもといても、六代将軍・足利義教《あしかがよしのり》ほど特異な就任経緯を持つ征夷大将軍はいない。彼を選んだのは神仏であるからだ——といっても、神や仏がこの世に現われて義教を指名したわけではない。神籤《みくじ》によって選ばれたのだ。

五代将軍の義量《よしかず》が早世したため、四代将軍の義持《よしもち》が政務を取り行なっていたが、その義持が危篤《きとく》状態になった。その際、後継者になりうる義持の弟が四人いた。義円《ぎえん》・義昭《よしあき》・永隆《えいりゅう》・義承《よしつぐ》。全員が僧籍に入っており、日本仏教界のトップクラスの役職についていた。もちろん、それは血筋のなせる技である。

この中の誰を次の将軍にするのか、さっそく管領《かんれい》を中心とする有力守護大名たちの間で話し合いが持たれたが、誰か一人に候補が絞られることはなかった。その代わりに神仏に任せるということになり、籤が作られ、石清水八幡宮《いわしみずはちまんぐう》で籤引が開かれた。そうして選ばれたのが、当時は天台座主《てんだいざす》の義円、のちに還俗《げんぞく》して義教となった人物である。

この「義教」の名には面白いエピソードがある。もともと、還俗した彼は義宣《よしのぶ》と名乗った。しかし、この名前は「世を忍ぶ」に通じるから改めた、というのである。このあたりに義教の強い意欲が感じ取れないだろうか。なお、伏見宮貞成親王《ふしみのみやさだふさ》の『看聞日記《かんもんにっき》』によると、どうして一度決めた名前を変えたかといえば、「世間の評判が悪く、そのことを不快に思ったから」であるようだ。

## 苛烈で残酷な男

当初の義教政権は義持時代を受け継ぎ、有力守護の合議によって政治を進めていった。だが、「世を忍ぶ」名前を嫌うような男が、そのようなあり方に甘んじるわけもない。彼は父・義満《よしみつ》時代を取り戻そうとするがごとく、管領の権限を将軍に移したり、独自の側近を集めたりすることで、将軍の権力を高め、重臣たちの力を弱めようとした。

しかし、義教の政治改革はやがて人々を恐れさせ、彼をして「万人恐怖」なる別名で呼ばせるようになっていく。その背景として、苛烈、残忍、執念深いと称される義教自身の性格があったようだ。

象徴的なエピソードとしてこんなものがある。後継の義勝《よしかつ》が誕生した時、生母の兄である日野義資《ひのよしすけ》の屋敷に祝いのため、人が集まった。実はこの時、日野義資は義教の怒りを買って謹慎中だったのだが、「こういう時くらいはいいだろう。めでたいことがあったんだから、公方様《くぼう》も許してくださるだろう」と集まったらしい。

たしかに常識的には、さほどおかしな振る舞いでない。だが、義教は常識的な人間ではなかった。わざわざスパイを送り込んで誰が来たか調べた上で、その者たちの所領を没収するなど厳しい処罰を下したのである。しかも、しばらくして日野義資は何者かに殺されてしまうが、「きっと公方様がやらせたのだ」と噂をした公家が所領没収・流罪にされる始末であった。

## 疑心暗鬼の果てに

義教はこのような人であったから、ライバルはむろん、有力守護にも容赦《ようしゃ》しなかった。ライバルというのは関東公方《かんとうくぼう》・足利持氏《もちうじ》である。持氏は自分が義持（もしくは義量）の後継者になれると思っていたらしく、その地位を奪った義教と対立する姿勢を固めていたのだ。義教を呪う血染めの願文を神社に納め、義教治世下で変わった年号を拒否し、慣例だった「跡取りには将軍から一文字もらうこと」もしなかった。

そこで義教は、永享《えいきょう》十年（一四三八）に持氏が補佐役の関東管領・上杉憲実《うえすぎのりざね》と対立するや、軍を送って持氏を滅ぼしてしまったのである（永享の乱）。また、有力守護にも被害者が出た。永享十二年、一色義貫《いっしきよしつら》と土岐持頼《ときもちより》が相次いで殺されてしまう。しかもこの時、二人は大和《やまと》で反幕府勢力の討伐を命じられていたのだが、それが終わると、すぐに殺されるありさまで、まさに故事「狡兎死《こうとし》して走狗烹《そうくに》らる」事件だった。

これだけ「万人恐怖」が広がれば、ほかの守護たちが「次は自分の番なのでは」「殺される前に殺さなければ」となるのは無理からぬことだ。

そのような状況で動いたのが、播磨《はりま》・備前《びぜん》・美作《みまさか》守護の赤松満祐《あかまつみつすけ》であった。彼はもともと父から守護職を受け継いだ直後に義教からその地位を奪われかけたり、義教が赤松一族の貞村《さだむら》を寵愛《ちょうあい》して「満祐の所領の一部が取り上げられるのでは」と噂が立ったりもしていた。結局、満祐の地位と土地はどちらも無事だったのだが、次はどんな危機に陥《おちい》るか不安であったに違いない。そこに一色・土岐の事件があったので、満祐はすっかり追い詰められてしまったわけだ。

こうして満祐は決断した。嘉吉《かきつ》元年（一四四一）、自分の屋敷に義教を招き、猿楽で大いに宴《うたげ》を盛り上げつつ、その中で義教を殺してしまったのである。これを嘉吉の変という。播磨に戻った満祐はすぐにほかの守護大名たちによって討伐されてしまったが、こうして万人恐怖の支配は終わりを告げた。

## 〈二〉室町幕府七代将軍・足利義勝(一四三四〜一四四三)

### 傀儡将軍の始まり

嘉吉の変で父・足利義教が殺された時、嫡男の千也茶丸《ちやちやまる》は、いまだ八歳であった。しかし、将軍職を空位にしているわけにもいかない。五代将軍・義量が亡くなった時は元将軍の義持が政務を取ったため、将軍は必ずしも必要ではなかったが、今はそのように将軍を代行できる人物がいないのだ。

さっそく、有力守護たちに擁立される形で千也茶丸が足利義勝《よしかつ》として足利氏の家督を継いだ。征夷大将軍になったのは翌年で、管領・畠山持国《はたけやまもちくに》の補佐で治世を始めることになった。もちろん、実際の政治が有力守護の合議制によって進んだであろうことは想像に難くない。将軍は傀儡《かいらい》、実権は有力守護という室町幕府のあり方は、彼の代からだいたい固まってしまったわけだ。

また、義勝の時代にはもう一つの転機がやって来ている。義教が死んだのと同じ年、幕政の混乱に乗じて畿内で生活が苦しい庶民による土一揆《つちいっき》が発生。幕府はその要求に応える形で徳政令（借金を打ち消す法令）を出してしまったのである。庶民の反乱さえ討伐できぬというのは、幕府の力が弱まったことを如実に示すものであった。

しかも、義勝の治世は長く続かなかった。翌年、赤痢《せきり》によって倒れて帰らぬ人となってしまったのである。

## 〈三〉室町幕府八代将軍・足利義政（一四三六〜一四九〇）

### 政治に興味を失う

足利義政《よしまさ》は六代将軍・義教の子である。同母兄である七代将軍・義勝が亡くなったことから、嘉吉三年（一四四三）にわずか八歳で将軍に就任した。

若き日の義政は青年らしい情熱で政治改革・将軍親政を志したとされる。しかし、その熱意は間もなく萎《しぼ》んだ。はっきり言えば、彼の実権が乏《とぼ》しく、自らの意思で政治を動かしていくことができなかったというのだ。

理由の一つは、有力守護大名たちが政治に盛んに口を出していたことがある。管領家、中でも畠山・細川は交互に管領を輩出して権力争いを繰り広げていたし、中国地方の山名氏も新興勢力として進出してきた。いかに権威があろうとも、義政にどうにかできる隙間《すきま》はなかったのである。

もう一つ、義政自身の側近にも問題があった。正室の日野《ひの》富子《とみこ》、その兄の日野《ひの》勝光《かつみつ》、日野一族の烏丸資任《からすますけとう》、側室の今参局《いままいりのつぼね》、赤松一族の有馬持家《ありまもちいえ》、政所《まんどころ》長官を務めてきた伊勢《いせ》家の伊勢貞親《さだちか》。彼らが実権を握っていて、いよいよ将軍自身が政治を動かせなくなっていたのだ。特に今参局の「御今《おいま》」、有馬持家の「有馬」、烏丸資任の「烏丸」ら三人は「三魔」として、政治を独占していると悪評が立ったのである。

もし、義政に父譲りの意志の強さがあったならば、あるいは別の道もあったかもしれない。守護大名たちの発言力が強いとはいっても、将軍の権威はこの時期まだまだ健在であり、やりようによっては将軍親政の形をつくるのも不可能ではなかったはずだ。ただし、トップとなった時期は悪かった。義教の代には大規模な動乱が打ち続き、守護大名たちも権力争いどころでなく、自然と将軍を盛り立てた。このような時期なら、義政の政治への情熱もよい方向に向かったかもしれない。

結局、義政は政治への熱意を失った。その代わりに、文化・遊芸に目を向けるようになる。つまり、社寺へ出かけるなど物見遊山《ものみゆさん》に励み、気の合う仲間と盛んに酒宴を開いて、幕府の財をどんどん蕩尽《とうじん》していったのである。特に土木・建築にその情熱が向いたようで、のちのことになるが、京の東山《ひがしやま》に山荘を造り、有名な銀閣を建てた。この銀閣に見られる「書院造り」は和風建築のスタンダードになったほどで、義政が中心になって起こした一連の文化は東山文化と呼ばれて一時代を代表するものになった。

そのようにして文化面に注力すればするほど、義政は自らの将軍という立場が疎《うと》ましくなり、まだ三十歳にもならぬうちに引退を考えるようになる。このような彼の姿勢が、京の都を十年以上にわたって席巻《せっけん》する大乱を呼ぶことになってしまう。「応仁《おうにん》の乱」の勃発《ぼっぱつ》である――。

なお、この時期の義政について、近年の研究では彼は政治に飽《あ》きていたのではなく、当初からの将軍親政の試みを捨てていなかった（かつての「三魔」についてもあくまで親政を目指した結果、近臣たちが政治介入した）と考えられていることも紹介したい。

そんな彼が父・義教ほどは政治的豪腕を持たなかったがゆえに応仁の乱のような大乱も起きたし、またのちには次男の義尚《よしひさ》との対立も起きて、室町時代中期を混乱させたと見ることもできるだろう。

## 大乱の背景事情は複雑怪奇

義政が応仁の乱の引き金を引いた――といったような紹介をしたが、実のところ、この大乱の責任を彼だけに帰すのは公平と言い難い。応仁の乱は、室町幕府にかかわる有力諸勢力それぞれの事情が絡《から》み合い、爆発した結果として巻き起こったものなのである。

大乱の火種になったのは、まず有力守護大名家内部の争いであった。実は有力守護大名家は他家との勢力争いをするかたわら、「大名家内部での主導権を誰が握るか」や「家臣団同士の立場や領地争いから来る対立」といった揉めごとが起きていたのである。結果、大名家内部の派閥がそれぞれ別の候補者を立てて後継者争いを始め、合戦にまで発展してしまう。特に、畠山氏では持国《もちくに》（義政の補佐役として活躍）から家督を譲られた義就《よしなり》に対して同族の政長《まさなが》が挑戦し、大いに揉めていた。

このような諸大名家の内紛に、幕府の舵取り争いが絡んで来る。畠山持国の後に管領となった細川勝元《ほそかわかつもと》と、これに対抗する山名持豊《やまなもちとよ》（宗全《そうぜん》として有名）が、対立する派閥のそれぞれに味方したので、騒ぎが大きくなっていくのだ。両者からすれば、「自分の味方が守護大名家を継いでくれれば勢力争いで有利になる」くらいの思惑であったに違いない。実際、持豊は勝元の舅《しゅうと》という間柄でもあって、決して険悪な関係ではなかった。にもかかわらず、彼らの幕政主導権争いはどんどん大ごとになっていくのである。

かくして騒動の種が十分に撒《ま》かれた上で起きたのが、義政の後継をめぐる争いだった。そもそもの始まりは義政が引退を目論《もくろ》み、出家していた弟（義尋《ぎじん》）を半ば強引に還俗させたことにある。もし彼に子がいれば、そのまま継がせればよかったのだが、いなかったのだから弟に継がせるしかなかった。

弟は嫌《いや》がったが、結局、義政は「仮に自分の子が生まれたとしてもお前に譲る」という約束をして還俗させた。弟は義視《よしみ》と名乗って次代の将軍になる準備を始めた。ところが、義政と富子の間に子（のちの義尚）が生まれてしまったから大変だ。

富子は当然、自分の子供を将軍にしようとする（近年の研究では、彼女は立て続けに子を産んでいて政治にかかわることは難しく、主に奔走《ほんそう》していたのは兄の日野勝光であったともいわれている）。還俗してしまった義視は将軍になれなければ行き場がない。元凶である義政が調停するべきなのだが、そのような粘り強さが彼にあったなら、そもそも問題は最初から起きていない。

対立が深まった結果、両者は幕政の有力者に助けを求めた。富子は山名宗全に、義視は細川勝元にだ。ここに以前から続いていた有力守護大名家の争いも絡んだ結果、京を舞台に細川方と山名方に分かれた両軍がぶつかり合うことになってしまった。応仁の乱の始まりである。両軍が陣取った場所から、細川方を東軍、山名方を西軍と呼ぶ。

この戦いは長引いた。睨み合いと小競《こぜ》り合《あ》いに終始していた時期が長いからだ。しかも諸大名・諸勢力の思惑が入り乱れたから、情勢が非常に複雑だった。両軍が担ぎ上げた神輿《みこし》からして、途中で一度入れ替わってしまったぐらいだ。開戦当初は東軍に担がれていた義視が西軍に合流し、西軍に擁立されていた富子と義尚が東軍と手を組んだのである。

ほかにも、京で小競り合いが続きつつゲリラ戦が展開される一方、両軍の争いが畿内以外にも波及し、戦いが泥沼に落ち込む中で、宗全と勝元がほぼ同時期に病死するに至って、もはや誰にも戦いを止められなくなってしまった。

では、この間、義政は何をしていたのか。どちらかに強く肩入れすることもなく、そうかといって、停戦のための手立てもうまくいかず、ほぼ傍観するような形になっていたようだ。そのうち、まだ応仁の乱も終結していない文明五年（一四七三）、とうとう将軍の座を義尚に譲ってしまった。

## 〈四〉室町幕府九代将軍・足利義尚（一四六五〜一四八九）

### 権威奪還を目指す苦難の始まり

足利義尚《よしひさ》は八代将軍・義政とその正室・日野富子の間に生まれた子である。彼の誕生こそが応仁の乱勃発の最後のきっかけになったのは、すでに紹介したとおり。

彼の治世における最初の大きな出来事が、その応仁の乱の終結である。この頃には消極的な睨《にら》み合いに終始していたようだが、それでも有力守護大名たちが本国を疎《おろそ》かにして京に陣取っていた影響は大きい。文明九年（一四七七）、畠山義就が引き揚げたことを機に諸大名も京を離れ、十一年にわたって京を戦火に包んだ大乱は終わったのである。

以前は、この応仁の乱を区切りとして室町時代が終わり、戦国時代がやってきたという考え方が一般的だった。「応仁の乱で室町幕府と足利将軍はすっかり権威も実権も失ってしまい、各地で紛争が相次ぐようになって、室町幕府の時代は終わった」と思われていたからだ。

しかし、近年ではこの考え方はあまりとられない。確かに応仁の乱で幕府の力も将軍の権威も大いに弱まったことだろう。諸国で武家と武家の争いが激しくなったのも事実である。ただ、関東をはじめとしてあちこちで争いがあったのは応仁の乱以前からのことであり、幕府の権威も少なくとも畿内においては有効であった。そうなると、応仁の乱をもって室町幕府の力が実質的に失われたとみるのは早計である。

実際、応仁の乱以降の将軍たちの多くは、幕府と将軍の力が失われつつあることを自覚しており、その復興に力を尽くした。「室町幕府の時代」が失われていないからこそ、そのような試みも行なわれたわけだ。

義尚もそうである。彼は武力にその解決策を見いだした。「将軍と幕府の権威に従わぬ不《ふ》埒《らち》者を退治すれば、幕府の復興を果たすことができる」と考えたのだろう。長享《ちょうきょう》元年(一四八七)、義尚は自ら兵を率いて近江《おうみ》国坂本へ出陣する。近江守護・六角高頼《ろっかくたかより》が本来、自分のものではない土地を勝手に奪い取り、幕府に止められても省みなかったからだ。その後、義尚は近江の鈎《まがり》にまで兵を進めて陣を張ったので、「鈎の陣」と呼ぶ。

なお、義尚がことさらに武力を誇示するような振る舞いをしたことについては、室町幕府のあり方の変化を理由とする見方もある。つまり、義尚の父・義政の時代までは儀式・

儀礼を行なう権威によって諸大名家を従わせられたが、義尚の時代にはもうそれは不可能だった。だから、彼は近江へ遠征を行なうことにより、武力を振るう新しい幕府、新しい将軍の姿をつくり上げようとしたのではないか、というわけだ。

さて、そのような新しい幕府を求めて始まった鈎の陣は、長引いたこともあり、実りある戦果を上げることができなかった。途中、義尚は義熙《よしひろ》と改名しているが、なお戦いは終わらず、京にも戻れぬまま、ついに延徳《えんとく》元年（一四八九）に病死してしまったのである。

京の外での将軍の死は、その後の将軍たちの運命を象徴するものだったとも言えよう。なぜならば、その後の将軍たちはなかなか京に腰を落ち着けることができず、各地を放浪する運命を背負うことになるからだ。

## 〈五〉八代将軍夫人・日野富子（一四四〇〜一四九六）

### 悪女伝説の真相

次代の将軍の話をする前に、義政・義尚時代の将軍家における重要人物について紹介しなければいけない。彼女はもしかしたら二人の将軍よりもこの時代を語る際の重要度が高いかもしれない。そう、義政の妻で義尚の母、日野富子《ひのとみこ》である。

日野家は由緒正しい公家だ。平安時代に隆盛を誇った藤原北家《ほっけ》の一族で、本家筋である冬嗣《ふゆつぐ》の兄・真夏《まなつ》を祖とし、儒道・歌道をもっぱらとした。三代・足利義満《よしみつ》の正室として業子《なりこ》と康子《やすこ》の二人を出したことを皮切りに、四代・義持、六代・義教、八代・義政、九代・義尚、十一代・義澄《よしずみ》の六代にわたって将軍の正室を出しているのである。五代・義量と七代・義勝が天折《ようせつ》した将軍であることを思えば、足利将軍家と日野家がどれほど深く結びついていたかわかるというものだろう。当然、室町時代の日野家は大いに繁栄した。

さて、富子が義政の正室になったのは康正《こうしょう》元年（一四五五）のことで、四年後には長男を産んだが、この子はすぐに亡くなってしまった。これは側室・今参局《いままいりのつぼね》の呪いのせいとされ、幕府の決定で彼女は流罪となったが、配流地へ向かう途中で自殺する血生臭《ちなまぐさ》い事件が起きた。そもそも、この放逐自体が富子の仕業《しわざ》ともいわれている。

富子はそのように評判が悪い人物でもある。理由の一つは、先述したように彼女が義政の子を産んだからこそ、応仁の乱が起きたということ。そして、もう一つは義政や義尚の時代に彼女がしばしば後見人として政治に口を出すこと。この二つである。

また、守護大名をはじめ、あちらこちらに高利で金を貸し付けたり、関所を造って通行費を取り立てたり、また米の売買で儲《もう》けようと蔵を建てたともいわれ、多大な蓄財を行なっている。そんな富子の遺産は「七珍万宝《しっちんまんぽう》」と呼ばれ、莫大《ばくだい》なものであったと伝わっているのだ。

しかし、近年ではこのような悪評は事実無根ではないのか、と指摘されているのをご存じだろうか。確かに富子は盛んに蓄財をした。しかし、たとえば蔵は建てたが、それを元に米で商売をしたかどうかはきちんとした史料がないといった疑わしい話もある。

さらに、貯《た》めた金を使って応仁の乱終結に向けての政治活動をしたり、天皇家や寺社のために金を使って関係性をよくするなど、実は夫や息子、そして室町幕府のために奔走していたことがわかっているのだ。また、「七珍万宝」は多くの遺産に対する当時の定番表現であり、彼女の富自体は長年の政治活動の中ですっかり目減りしていただろうとも見られている。

客観的に見た場合、富子は政治面でも二人の将軍を支えており、後世に言われるような「悪女」の評判は適切ではない。その証拠に、彼女が死んだ時に諸人は嘆き悲しんだと、室町時代後期に生きた公卿の三条西実隆《さんじょうにしさねたか》の日記（『実隆公記』）に、きちんと書かれている。貯め込むだけ貯め込んで適切に使わなかった金持ちの死を、誰が悲しむだろうか。

## 〈六〉室町幕府十代将軍・足利義材（一四六六～一五二三）

### 乱世到来の決定的瞬間！

足利義材《よしき》は応仁の乱で一方の主役を演じた足利義視の子である。

先代将軍である義尚が志半ばに倒れた後、将軍位はしばらく空席だった。八代将軍の義政がまだ健在だったので、彼が実質的な将軍として復帰することで幕政には空白をつくらずにすんだのである。しかし、その義政も延徳二年（一四九〇）に亡くなってしまった。

そこで動いたのが、長年にわたって義政・義尚を支えてきた日野富子である。彼女が白《しら》羽《は》の矢を立てたのが、かつての宿敵の子である義材だった、というわけだ。義視・義材親子は応仁の乱終結後に美濃《みの》へ逃れていたが、義尚が死んだ時に京へ戻って葬儀に参列している。そうすると、この将軍就任も義視・義材にとっては既定路線と考えるべきか。ところが、それからわずか半年で後見人の義視が亡くなってしまうのである。おそらくはこのことがのちの重大事件に繋がる。

義材もまた、義尚のように武力で幕府と将軍の権威を復興することを志した。延徳三年から翌年にかけて近江へ出陣し、六角高頼を攻めて近江を平定することに成功している。

これに続いて義材のターゲットになったのは、応仁の乱で最後まで戦いをやめなかった畠山義就の子、基家《もといえ》だ。義尚・義材と二人の将軍にわたって管領を務めた畠山政長にとっても従兄弟《いとこ》の畠山義就の存在は、やはり応仁の乱以来の宿敵関係にある。その政長の意を受けて、義材は基家を討伐するべく、またしても自ら出陣した。明応《めいおう》二年（一四九三）のことである。

そして、空《から》になった京で事件が起きた。クーデターである。政長の政敵・細川政元《ほそかわまさもと》（勝元の子）が軍を送って河内《かわち》出陣中の義材を討つとともに、新たな将軍として足利義遐《よしとお》（義政の弟で関東公方として派遣されていた足利政知《まさとも》の子）を立てたのである。この陰謀の背景には、義材と政治的に対立するようになっていた富子の思惑があった。

一連の事件を「明応の政変」と呼び、近年ではこれこそが室町時代と戦国時代を分ける決定的な事件だったのではと考えられている。何しろ、家臣の武力によって将軍の首がすげ替えられてしまい、幕府と将軍の権威は決定的に毀損《きそん》されてしまったのである。実際、以後の将軍はこれまでにも増して悲惨な運命を辿《たど》ることになる。

しかしその一方で、明応の政変後も将軍と幕府の存在意義がなくなってしまったわけではないことにも注目するべきだ。

室町幕府が弱体化した結果、諸国の武家は独立性を強めるとともに、周辺勢力をあるいは飲み込み、あるいは滅ぼして自らの力を強めていった。とはいえ、年がら年中戦争をしていたわけでもないし、したくもない。正当性（格と言ってもよい）によって家臣たちを従わせたり、あるいは自分がピンチになった時に相手の攻撃が弱まったりしてくれれば、それはそれで理がある。足利将軍は（天皇も）そのような正当性を与えてくれる存在だった。

たとえば、織田信長はこの意味で将軍や天皇をダシに使うのがうまく、幾度かの危機を切り抜けている。

自らの武力を失った将軍は、こうしてもろもろの戦国大名にとって、有益な存在となることで生き延びた。土地も兵も心もとないが、逆に「維持が難しくない」「警戒もされない」。ちょうど風に翻弄《ほんろう》される木の葉のように、自分の力で安定することはできないが簡単に砕かれもしない、微妙な状態で足利将軍家は戦国時代を生き抜いていくことになるのだった。

さて、話を明応の政変に戻そう。この事件の結果、政長は自決へ追い込まれ、義材は捕らえられ、龍安寺《りょうあんじ》に幽閉の憂《う》き目《め》にあった。しかし、後世に「流れ公方」と呼ばれた義材の苦難はこんなところでは終わらない。彼はのちに将軍の座を取り戻すのだが、その前に次代の将軍の物語を語る必要があるため、お付き合い願いたい。

## 〈七〉室町幕府十一代将軍・足利義澄（一四八〇～一五一一）

### 政争の具としての将軍

足利義澄《よしずみ》（義遐、義高《よしたか》から改名）は足利政知の子である。

政知は六代将軍・義教《よしのり》の子で、八代将軍・義政の弟にあたる。もともとは仏門に入っていたが、兄の命で還俗し、関東に派遣された。なぜなら、この頃の関東では、将軍一族で東国の治世を任された関東公方・足利家と、本来これを補佐するはずだった関東管領・上杉氏との間で「享徳《きょうとく》の乱」と呼ばれる内乱が勃発していたからだ。しかも上杉氏内部にも対立があり、収拾のしようがなくなっていた。

そこで、将軍の権威を背負った新たな関東公方として政知が派遣されたまではいいのだが、伊豆《いず》より東には入ることができず、伊豆の堀越《ほりごえ》に落ち着いたので、伊豆公方とも堀越《ほりこし》公方とも呼ぶ。すでに将軍権威がずいぶん失われていたことを示すエピソードである。

そんな政知の子として伊豆に生まれ、上洛して僧侶になったのが義澄だ。出家時の名前は清晃《せいこう》である。そもそも義澄は義政死後の新将軍を決定する際にも候補として挙がったことがあるようだ。細川政元が擁立を画策したが、この時は日野富子が義材側についてうまくいかなかった。

しかし、その義材と富子の関係が悪化したこともあり、明応二年（一四九三）に政元がクーデターを起こして義材を将軍の座から追い落とし、清晃を還俗させて十一代将軍としたのはすでに紹介した通りだ。

ところが、せっかく将軍として祭り上げたのに、政元は義澄をきちんと重んじようとしなかった。元服の儀式に出席しなかったことからも相当である。これは政元という人が、相当にオカルトチックでエキセントリックな人だった（空を飛べると信じていたとか）こともあるが、それ以上に将軍の権威が失われていたという事実を示してもいるだろう。

また、明応の政変については時の土御門《つちみかど》天皇が激怒し、譲位してでも止めようとしたが、周囲に説得されて思いとどまる事件もあった。これもまた、将軍とともに天皇の位も実力者の横暴を退けられるほどの重さはすでになかったのだと考えていいだろう。義澄も一度寺に入って隠居を試みる抵抗をしたが、勅書で諫《いさ》められてやめている。

そうこうしているうちに永正《えいしょう》四年（一五〇七）、政元が死んでしまった。これも原因は内紛だ。多数の勢力を抱え込んだ政元の政権は内部対立が激しく、しかも政元が二人の養子（澄之《すみゆき》・澄元《すみもと》）を迎えてどちらを後継者とするか明確に決めなかったので、後継者争いが激化した。その家督争いにより、政元は澄之方に殺されてしまったのだ。

**細川家系図**

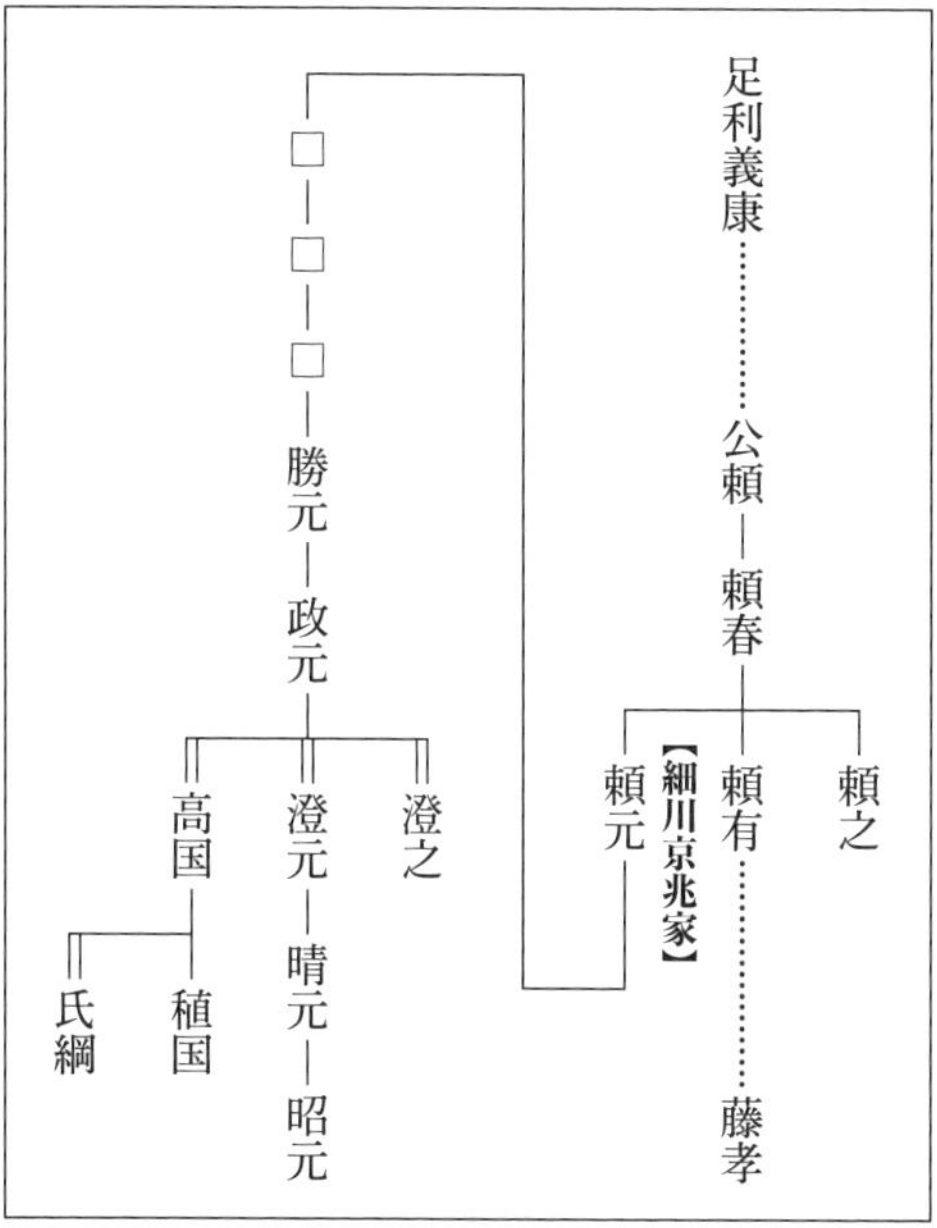


永正五年、政権のトップを失って混乱する京で、さらなる衝撃が走る。先代将軍、義材（この時は義尹《よしただ》、さらにのちに義稙《よしたね》と改名する）が周防《すおう》山口の大名、大《おお》内義興《うちよしおき》の兵とともに上洛したのだ。

義澄はかつて将軍職を奪った相手に今度は京から追い落とされる形になったわけだ。その後は近江に逃れ、九州の大友《おおとも》氏の助けを借りて逆襲を図ったがかなわず、ついに永正八年、流浪先の岡山で病に倒れて、この世を去った。

## 〈八〉室町幕府十代将軍・足利義稙（一四六六〜一五二三）

### どこまでも不安定な立場

九代将軍・足利義材《よしき》と同一人物。細川政元によって将軍職を失った義稙《よしたね》は、苦難の日々を乗り越えて十数年ぶりに将軍に返り咲いた。そこに至るまでに何があったのだろうか。龍安寺《りょうあんじ》に幽閉された義材は、その年のうちに越中へ脱出し、兵を集めて攻め寄せたものの、近江で細川政元の軍勢に敗れてしまった。そこで河内へ、さらに周防山口に逃れ、ここで大内義興の協力を得たのである。

ところが、せっかく取り戻した将軍の座も安泰ではなかった。問題は外敵ではない。永正八年（一五一一）に一度、対立する管領の細川澄元（政元の養子）らの軍勢に脅かされて丹波《たんば》に逃れたことはあったが、船岡山《ふなおかやま》の戦いで勝利し、再び京に戻っている。義稙を苦しめたのは内部の問題だ。

幕府の実権は管領代（大内氏は管領になれないため）の大内義興、また新しく管領に就任した細川高国《たかくに》（政元の養子。養父の政元を暗殺して宗家当主となった澄之を澄元とともに討つ。その後、澄元と不和になり、滅ぼしていた）にあり、義稙は神輿《みこし》以上の存在ではなかったのだ。彼はもともと義尚と同じように武力によって将軍の権威を回復させようとしていた人である。このような立場に満足できるはずもない。とはいえ、兵を挙げて義興や高国を倒すことなど思いもよらない。義稙に残された最後の手段は、その御輿程度の権威を振りかざすことぐらいだった。つまり、「言うことを聞かないならやめるぞ」というわけだ。

一度、永正十年に義稙が隠退を表明し近江の甲賀へ出奔した際には、まだ義興が畿内に残っていたため、譲歩交渉が成立し、義稙も京に戻った。しかし、大永《だいえい》元年（一五二一）に義興が帰国し、高国は専横の度合いを強めるばかりで、交渉の余地はなかった。義稙は憤りのあまり、京都を出奔し淡路《あわじ》へ逃れた。その後、義稙は二度目の将軍職剥奪《はくだつ》を経験することになる。そして、さすがに三度目の将軍就任はなかった。

晩年の義稙は阿波《あわ》へ移り、この地で「島公方」と呼ばれた。

## 〈九〉室町幕府十二代将軍・足利義晴（一五一一〜一五五〇）

### 異母弟に振り回され流浪

足利義晴《よしはる》は近江で死んだ十一代将軍、義澄の子である。近江で生まれ、播磨守護赤松氏のもとで育てられた。

そんな彼が将軍になったのは、義稙が出奔してしまったからだ。細川本家を継承する管領の細川高国によって呼び寄せられたわずか十一歳の少年が、いなくなった将軍の代わりに「室町殿」になった。

だが、すでに何度も書いてきたとおり、この頃の幕府と将軍は権威と実力を失っていた。結局、大永元年（一五二一）には家臣団内部の争いで追い詰められた高国が、京を逃れて近江坂本へ移るのに付き合わされることになる。

しかも同時期、細川晴元（細川澄元の長男）が足利義維《よしつな》を擁して畿内へ侵入してきた。晴元は高国のライバルで、父の澄元が細川宗家の家督争いで高国に追われており、因縁がある。義維は義晴の異母弟で、義稙の養子になっていたから事態はややこしい。義晴は近江に、義維は堺《さかい》に拠点を構えたので、世の人はこれを「近江大樹《たいじゅ》」と「堺大樹」の争いと称したという。大樹とは中国における将軍の呼び名である。

両者の間には和睦の動きもあったが、かなわず、義晴は一時、近江の朽木庄《くつきのしょう》へ逃れている。その後、高国は晴元と戦って敗れ、討ち死にしてしまった。義晴は朽木から出陣して高国と共に戦う気だったのだが、後ろ盾だった高国が死んでしまってはしょうがない。

やがて、天文《てんぶん》三年（一五三四）に義晴と晴元の和解がなった。それまで晴元が擁立していた義維は二年前に阿波へ戻らされている。もちろん、義晴と和解したい晴元の都合であったはずだ。

将軍候補者として重く遇されているように見えても、ほかに都合のいい相手がいたらお払い箱なわけで、当時の将軍という存在の軽さがよくわかる。

こうして義晴は京へ戻った。だが、戻ったはいいものの、晴元を信用せず、管領に任命しなかったこともあり、その支配体制は弱体だった。また細川氏綱《うじつな》（高国の養子）・畠山政《まさ》国《くに》といった幕府の重鎮勢力と敵対していたため、情勢は安定しない。

結果、義晴は天文十年に近江坂本へ逃れ（翌年に戻った）、ついに天文十六年には晴元を見捨て、彼の敵方である細川氏綱と手を組んでしまった。この時、息子の義輝《よしてる》の烏帽子親《えぼしおや》（後見人）を務めて強力な味方であったはずの近江守護・六角定頼《ろっかくさだより》が武力によって晴元との和解を迫ったため、義晴はまたしても坂本へ逃げた後に定頼の主張を聞き入れて和睦。翌年にはなんとか京へ戻ってきた。

ところが、さらにその翌年、氏綱方の有力武将である三好長慶《みよしながよし》が晴元の軍勢を打ち破ったので、義晴はまたしても近江へ避難せざるを得なくなった。これが義晴にとって最後の都落ちになり、二度と京に戻ることはなかった。天文十九年、義晴は病で亡くなってしまうのである。

彼は天文十五年には義輝に跡目を譲っているので、将軍として務めたのは二十五年ほどである。将軍の座を数年のうちに失った者が多かったことを思えば、安定した時期だったということもできるのかもしれない。しかし、実際にはここまで見てきた通り、京からたびたび避難せざるを得ない不安定な時代だった。もはや、室町幕府も将軍も、どっしり構えて政治を行なうようなことはできなくなっていたのである。

## 〈十〉室町幕府十三代将軍・足利義輝（一五三六〜一五六五）

### 近江に潜伏した前半生

足利義輝《よしてる》はすでに紹介した通り十二代将軍・義晴の子で、まだ十一歳と若かった天文十五年（一五四六）に父から将軍職を受け継いだ。

若き日の彼の前に強大な敵として立ちはだかったのは、三好長慶である。長年、細川氏に仕えてきた四国の武将で、元は細川晴元の家臣だった。しかし、彼の力を押さえようと晴元が擁立した同じ三好一族の政長と対立するうち、ついに長慶は晴元と手を切って、晴元のライバル・細川氏綱につき、天文十八年に晴元を京から追い落とした——というわけだ。この時に義晴・義輝親子が一緒に追い落とされてしまったのも、すでに述べた通り。

父の死後、義輝は京への復帰を目指した。そのためには三好長慶の軍勢を打ち破らなければならないが、実際には晴元が戦わずに逃げ出すなど戦力的にどうにも劣勢で、近江の堅田《かただ》、さらに同国の朽木へ逃れざるを得なかった。しかも室町幕府に代々仕えて行政の重要な部分を担当してきた伊勢貞孝《いせさだたか》が裏切り、三好方へ逃げ込むアクシデントまで起きた。まさに踏んだり蹴ったりである。

ところが、その貞孝が自邸に長慶を招いた宴の最中、貞孝と同じ裏切り者の元幕臣が、突如として長慶に斬りつけた。さらにこの一件を好機と見た晴元の軍勢が京を襲ったのである。どちらも致命的な被害にはならなかったようだが、三好勢としてはさぞ肝《きも》を冷やしたに違いない。これらは義輝側の何者かによる陰謀だった、という説もある。

その後、六角義賢《よしかた》（義晴を支えた六角定頼の子）の斡旋《あっせん》で、長慶・氏綱と義輝の和解が成立した。暗殺騒ぎの影響もあったかもしれない。これが天文二十一年のことで、義輝はようやく京へ腰を落ち着けるかに見えた。しかし、残念ながらそうはならなかった。翌年、義輝は再び晴元と手を結び、長慶・氏綱と敵対する道を選んだのである。その背景には畿内で再び晴元派の勢力が増し始めたこと、義輝の側近たちには晴元の味方が多かったことがあるようだ。

京で三好と戦った義輝はまたしても敗れ、朽木へ逃れた。以後、五年間を山中で過ごすことになるのだが、その時間を無為《むい》に過ごしたわけではない。北陸の朝倉《あさくら》氏と加賀の一向宗を和睦させることで一向宗勢力を味方に取り込んだのである。その上で挙兵して三好氏をピンチに追い込み、ついに再び和睦を成立させる。京への帰還を果たしたのは、永禄《えいろく》元年（一五五八）だった。

以後、義輝は三好氏を積極的に味方として取り込み、むしろ、そのことによって自らの政権を安定させていくことになる。

## 健在だった将軍権威

三好長慶と改めて和解を果たし、今度こそ京に落ち着くことができた義輝は、いよいよ幕府と将軍の権威を取り戻すための行動を始めた。諸国の有力大名たちと交流し、影響力を発揮するようになっていくのだ。

本書では、将軍を中心に歴史を追っている関係から、どうしても畿内における細川氏内部の紛争やその家臣団の争いなどが中心になってしまった。だが、実際にはそれらの争いと並行して各地で勢力争いが繰り広げられていたのである。この頃になると、戦国時代も後期に入り、相次ぐ紛争の中で各地に有力勢力が立ち上がっている。

東北地方では積極的な婚姻・養子戦略のおかげで伊達《だて》氏が勢力を大きく伸ばしていたが、一方で臨時税などの負担を増やしたために家臣団に不満が溜まり、ついに内紛が起きた。

伊達稙宗《たねむね》・晴宗《はれむね》親子の争いは周辺諸大名も巻き込む大乱（伊達氏洞《うつろ》の乱）になり、天文十七年にようやく決着したものの、伊達氏の勢力は少なからず減退した。再躍進には伊達政宗《まさむね》の登場を待たなければならない。

関東では北条《ほうじょう》氏（後北条氏）が躍進を遂げた。特に天文十五年、河越《かわごえ》夜戦で上杉氏や古《こ》河《が》公方といった関東の有力者たちを撃破したことは大きい。

中部では駿河《するが》の今川義元《いまがわよしもと》、甲斐《かい》の武田信玄《たけだしんげん》（晴信《はるのぶ》）の勢力拡大が目立つ。特に武田は信濃《しなの》へ侵攻し、さらに北進したことから越後《えちご》の上杉謙信《うえすぎけんしん》（長尾景虎《ながおかげとら》）と対立。天文二十一年から永禄七年にかけて川中島の戦いで激しく争った。今川義元は西進して遠江《とおとうみ》、三河《みかわ》、そして尾張《おわり》へ勢力を伸ばしていくが、その途中で尾張の織田信長に桶狭間《おけはざま》の戦いで敗れて死んでしまう。永禄三年のことだ。

中国は大内氏と尼子《あまご》氏が二強として君臨していた。しかし、中小国衆《くにしゅう》（土着の武士）から成り上がった毛利元就《もうりもとなり》が、大内氏家中を牛耳っていた陶晴賢《すえはるかた》を天文二十四年、厳島《いつくしま》の戦いで倒したことから頭角を現わしていく。

四国は三好・松永や一条など諸勢力が乱立していた。そんな中、土佐に長宗我部《ちょうそがべ》国親《くにちか》が立って勢力を拡大するも病で急死。まだ若かった長男の元親《もとちか》が父の跡を継いだのが、桶狭間の戦いと同じ永禄三年である。やがて、彼が四国をほぼ統一することになるわけだ。九州では北部の名門、大友氏が強かった。のちに九州三強と称される残り二つ、島津《しまづ》氏はまだ薩摩統一をなしていなかったし、龍造寺《りゅうぞうじ》氏が成長を始めるのは、さらにその後ことだ。

義輝はこれらのうち、織田信長と上杉謙信については上洛してきたところで謁見しているし、大友には筑前《ちくぜん》・豊前《ぶぜん》の、毛利には安芸《あき》の守護職を与えるなど、有力諸大名と交流していることが確認できる。また、武田・上杉や毛利・大友の争いに介入し和睦の仲立ちもしている。

先述したように、足利将軍は戦国乱世において武力を振りかざし諸武家を平伏させるようなことはできないが、「格」によって持ちつ持たれつの関係をつくるくらいのことはできていたのである。それは時代が求めた将軍の機能であったと同時に、足利義晴の臨終記録『穴太記《あのうき》』に「天下を治むべき器用あり」と称されたほどの才人であった義輝だからこそできた部分もあったのだろう。

## 将軍はなぜ殺された？

ところが、磐石《ばんじゃく》とも思えた義輝の政権が突如として崩壊する。きっかけになったのは三好氏の動揺であった。永禄三年から四年にかけて、長慶の弟で軍事面での右腕と言えた十河一存《そごうかずまさ》、長慶の後継であった義興《よしおき》、そして長慶当人までと、三好一族の重要人物たちが次々と病死したのである。

一存の子の義継《よしつぐ》が三好氏の当主になったものの、まだ若い。そこで、三好一族の有力者三人（いわゆる三好三人衆）や、長慶の側近だった松永久秀《まつながひさひで》らが一族を動かしていくことになる。そして、彼らが義輝を危険視したせいで事件が起きた。

永禄八年、義継が兵を率いて上洛し、義輝に謁見した（この時に偏諱《へんき》を受け、三好重存《しげまさ》と名乗っていたのを義重と変えた。義継はさらにのちに変えた名前）。そしてそこから十日も経《た》たないうちに義輝の御所を襲ったのである。

この時、義輝は自ら刀を振るって必死に抵抗したとされる。そのありさまとして「何本も刀を突き立てて敵兵を待ち受け、斬れなくなるごとに刀を取り換えて、幾人《いくにん》もの敵を倒したとされる。義輝には「鹿島新当流《かしましんとうりゅう》を編み出した塚原卜伝《つかはらぼくでん》や、彼について新陰流を編み出した上泉信綱《かみいずみのぶつな》から剣を学んだ達人である」という真偽不明の伝説があり、このようなイメージもあってその最後の戦いは見事なものであったと伝わっている。もちろん、これらの逸話が真実であったとしても、多勢に無勢。ついに義輝は三好の兵に囲まれ、殺されてしまったのである。

なお、通説では長らく義輝襲撃を主導したのは松永久秀だとされてきた。しかし、近年の研究では、久秀はこの時、大和《やまと》にいて襲撃には参加しておらず、義継や三人衆が主導的立場にいたと考えられている。

## 〈十一〉室町幕府十四代将軍・足利義栄（一五三八〜一五六八）

### 入京できなかった将軍

足利義栄《よしひで》はある意味、戦国時代の足利将軍が置かれていた立場の象徴的な存在だったと言えるかもしれない。何しろ、義栄は京に入ることさえできなかった将軍なのだから。「室町殿」が笑わせる、とまで言っては酷《こく》であろうか。義栄は自ら状況を変えるほどの力を持たず、それゆえに「京に入れなかった将軍」になった。そんなところもある意味、戦国時代の将軍らしいともいえよう。

義栄は十二代将軍・義晴のライバルだった義維の子である。義晴と義維の二人は兄弟だったから、義栄と義輝、そして義輝の弟・義昭《よしあき》は従兄弟《いとこ》の関係になる。

阿波の地から虎視眈々《こしたんたん》と京を、ひいては将軍の座を狙って阿波公方（平島《ひらじま》公方）と呼ばれた父と同じく義栄もまた好機を待つが、うまくいかなかった。義輝不在時に義維・義栄親子が上洛する手もあったが、実現しなかったのは、擁立してくれる有力大名がいなかったからだろう。

そんな二代目阿波公方・足利義栄に、ついに声をかける有力勢力が現われたのは、永禄八年（一五六五）のことだ。義輝を死に追い込んだ三好三人衆が新たな神輿として義栄を選んだのである。義栄はこの申し出に乗り、阿波を出た。

ところが、義栄は京に入れなかった。まず淡路へ、次に摂津《せっつ》へ進んだものの、そこで足止めを食らったのである。この時期、京近辺では三好三人衆と松永久秀らが激しく争っていたので、危険だったのだろう。使者を京へ送り、永禄十一年、どうにか征夷大将軍にしてもらうことはできたものの、なんと同じ年には足利義輝の弟・足利義昭が上洛してしまうのだ。彼を擁立するのが、尾張の戦国大名、織田信長である。

このままでは義昭に将軍としての座を奪われかねない。そこで義栄は三好三人衆ら近隣の勢力を糾合《きゅうごう》し、義昭・信長連合軍と戦う姿勢を固めた。しかし、義栄はそれから間もなくして病に倒れ、ついに京に入ることなく亡くなってしまった。

## 〈十二〉室町幕府十五代将軍・足利義昭（一五三七～一五九七）

### 室町時代の終わり

さて、その義昭《よしあき》だ。言わずと知れた室町幕府最後の将軍である。彼の生涯もまた、目まぐるしく変わる運命に翻弄された過酷なものであった。

足利義昭は義晴の子で義輝の弟である。将軍家の次男以降としてはよくあることだが、まだ年端《としは》もいかないうちに興福寺《こうふくじ》へ入れられた。僧侶としての名前は覚慶《かくけい》である。

しかし、ここで大事件が起きた。兄の義輝が三好氏らによって殺害されたのである。三好氏としては足利義栄を擁立するつもりだったから、覚慶に自由に動かれていいことはない。そこで興福寺に軟禁してしまった。

覚慶がただ自分の命を守りたいだけなら、しばらくおとなしくしておくという手もあったろう。しかし、彼は幕臣・細川藤孝《ほそかわふじたか》らによって救出されると、自分こそが次の将軍になる決意を固める。近江、若狭《わかさ》、越前《えちぜん》と各地を転々とする中で還俗し、まず「義秋」ついで「義昭」を名乗った。

ここまでさんざん見てきた通り、将軍になるために、そしてその地位を維持するためには有力大名の支持が必須《ひっす》だ。越前の朝倉氏は名門武家であり、申し分ない勢力だったが、当主の義景《よしかげ》に上洛の熱意がない。嫡男を失ったばかりで気落ちしていたせいともいう。

そこで義昭が目をつけたのが、尾張から出て美濃《みの》を切り取ったばかりの織田信長であった。この頃、義昭の元にいた明智光秀《あけちみつひで》が美濃出身であり、信長との仲介役を果たしたといわれる。信長は以前から義昭に好意的であったので、その点でも理想的だったのだろう。

信長は義昭の要請に応じて兵を挙げ、道中で近江の六角氏を倒しつつ上洛を成功させた。こうして永禄十一年（一五六八）、京に入った義昭は十五代足利将軍となったのである。

## 実は長く続いた協力関係

当初、二人の関係は大変に親密であった。義昭が信長を「亜父《あふ》」、つまり父のような存在と呼びかけたことからもそれがわかる。一方で信長は副将軍の地位や数々の栄典を辞退するなど、世間の目を気にしながら適切に距離を置こうとしていたように見える。

しかし、二人の関係はいつまでも良好ではいられなかった。そのことが、信長が制定した「殿中 掟《でんちゅうおきて》」でわかる。永禄十二年に制定された九箇条および追加された七箇条の掟書は、家臣たちにきちんと働くことを求めるなど、概《おおむ》ね常識的な内容に加えて、裁判関係など政権運営のために必要なものであった。ところが、翌年に追加された五箇条は、義昭が勝手に諸大名に命令することを禁じるなど、将軍の権限を大きく制限するものであった。二人の間で権力の綱引きが行なわれていたのだろう。

それでも、この時点では、まだ二人は密接な協力者の間柄であった。その後、信長は朝倉攻めを試みるも、義弟の浅井長政《あさいながまさ》に裏切られて窮地に陥った（金ケ崎《かねがさき》の戦い）。その後、石山本願寺ほか周辺の敵対勢力（いわゆる信長包囲網）に囲まれ、信長は最大のピンチを迎える。

態勢を整えるため岐阜に戻ってしまった信長に対し、義昭は京から彼を支援しようとしている。信長が浅井・朝倉連合軍と戦った姉川の戦いに先立ち、自ら出陣しようとし（摂津池田氏の内紛によって出兵中止）、朝倉との和睦を斡旋して信長を危機から救ってもいる。通説ではこの時期すでに両者は決別していたと語られる。しかし、実際のところ、内心の反目はあったかもしれないが、まだまだ二人は互いを利用できる関係だった。

## 京からの追放――しかしこれでは終わらない

元亀《げんき》四年（一五七三）、ついに義昭は信長を見限ることを決断した。武田信玄が信長の同盟者である徳川家康を三方ヶ原《みかたがはら》の戦いで破り、西進の構えを見せていたのが直接の要因であろう。もはや織田は武田、あるいはそれ以外の勢力によって滅ぼされるのは確実と見切ったわけだ。信長はこれに大いに慌て、義昭に思いとどまるよう説得した。義昭側からなんらかの条件を出されてもそれをすべて丸のみすると答えるほどの熱心さで信長は訴えたが、義昭は首を縦には振らず、ついに挙兵に踏み切った。

ところが、事態は義昭の思うようにはいかなかった。信長包囲網の勢力にトラブルが続出したのである。浅井と朝倉、石山本願寺と武田といった諸勢力が互いを疑いの目で見て団結することなく、動きが鈍《にぶ》かったのだ。特に朝倉が雪を理由に京へ攻め込まなかったことが大きかった。そうこうしているうちに武田信玄が病に倒れてしまったから、もうどうにもならない（亡くなったのは四月）。

同じ四月、義昭は信長からの和解の申し出を断ったが、示威行為として京を焼き払われてしまった。朝倉はいまだに京へ攻め寄せる気配がない。しかも信長がわざわざ勅命として和睦工作をしたので、これに乗る形で講和を結んだ。

ところが、七月。義昭は山城《やましろのくに》国宇治《うじ》にある槇島城《まきしまじょう》に拠ると、突然、再挙兵をしてしまう。状況は変わっていないどころか、この頃には信玄の死が周知されていたので、むしろ悪化している。それでも義昭が信長と手を結んでいられなかったのは、なぜだろうか。

のちに義昭自身が語ったとされる言葉が、『大日本史料』所収の「柳沢文書」に記されている。それによると、「味方の人々が信長は信用できないと言ったから」が理由であったらしい。「うのみにした」というよりは、義昭自身も信長を信じられなかったのだろう。

槇島城はすぐさま信長の手勢に包囲され、義昭は二十日も保《も》たずに降伏することになった。義昭は京を追われ、まず河内《かわち》の若江へ逃げた。ここには三好長慶の養子・義継がいる。義昭にとっては憎き兄の仇《かたき》であるはずだが、それは問題にならなかったらしい。

こうしてもはや何度目かわからないが、将軍が京から追放されたのである。以後、二度と足利将軍は誕生しなかった。義昭が人質として信長に差し出した息子（のちに義尋《ぎじん》と名乗る）のもとに「参礼するよう」と信長が諸大名に求めるなど（『吉川家文書』）、新将軍を擁立するような動きもあったようだが、彼が将軍になることもなかった。そのため、義昭が京を追われた出来事をもってして室町幕府は滅亡し、室町時代は終わった、と考えるのが一般的である。以後、織田信長、豊臣秀吉が天下人として君臨した時代は織豊《しょくほう》時代、あるいは安土桃山時代と呼ばれる。

しかし、足利義昭の物語はここでは終わらない、むしろ、人によってはここからが本番と考えるかもしれない。すべてを失ったかに見えた義昭の逆襲が始まるのだ。

## 鞆幕府の夢

義昭が目をつけたのは中国地方の覇者、毛利氏だ。この頃には元就はすでに亡くなっていて、孫の輝元《てるもと》が継いでいる。彼らを味方につけようとしたのだが、実は毛利氏としては困る。織田方と同盟中であったからだ。信長を敵にしたくはないが、将軍を見捨てれば外聞が悪く、周辺勢力や家臣団の信用を失って致命傷になるかもしれない。義昭も「毛利は将軍を粗略に扱うことはしないと約束しただろう」と責めてくる（『大日本史料』所収「乃美文書」）。そこで毛利としてはどうにか信長と義昭を和解させようとしたが、うまくいかない。

そのうち、義昭は紀伊の由良《ゆら》にある興国寺へ、そして天正《てんしょう》四年（一五七六）になって備後《びんご》の鞆《とも》へ移った。ここは、もう毛利氏の勢力圏内である。実はこの義昭の行動、毛利氏にすら極秘のことであった。毛利としては義昭など受け入れたくないのだから、正直に言ってもまともな対応はされない。実際、義昭は何度も受け入れを求めてダメだったのである。だから、強引に鞆へ入り込んだのだ。

これは義昭にとって危険な賭《か》けだったはずだ。毛利氏が義昭を信長に突き出したり、密《ひそ》かに殺害したりする可能性は十分にあった。しかし、その結果は義昭の勝ちと出た。毛利は反信長で動く決断をしたのである。

以後、鞆に拠点を定めた（鞆幕府とも呼ぶ）。義昭はこれまで以上に勢力的に諸大名に働きかけをし、いわゆる「第二次信長包囲網」をつくっていく。毛利氏だけでなく上杉氏も動いたし、浅井・朝倉はすでに滅んだが、武田氏や石山本願寺はまだ健在であったので、信長は再び危機に陥った。

だが、義昭の抵抗もここまでだった。上杉謙信が天正六年に病で倒れ、石山本願寺は天正八年に実質的な降伏をし、武田氏も天正十年に滅ぼされた。この時、義昭を擁する毛利氏も羽柴秀吉《はしばひでよし》率いる軍勢に押し込まれ、ピンチになっていた。

そこで突如として起きたのが、本能寺の変——織田家臣・明智光秀による謀反《むほん》と信長の死だった。光秀は当初、幕府と織田氏に「両属」、つまり両方に仕える状態にあったが、両者が手切れをした時に幕臣から織田家臣となっている。そのような人物が謀反を起こして信長を死に追いやったため、旧主の義昭こそが黒幕ではないかと疑われることもあるが、信《しん》憑性《ぴょうせい》のある説とは見られていない。

確かなのは、義昭がこれを好機と見て毛利氏に織田攻めを訴えたことだが、毛利氏は動かなかった。むしろ、撤退していく秀吉の軍勢と和睦してその敵討《かたきう》ちを結果的に助けたことになり、毛利と秀吉は以後関係を深めていくことになる。

義昭は天正十六年までには京へ戻っていたようだ。槇島の地で政権を握った秀吉から一万石を与えられ、再び出家して昌山道休《しょうざんどうきゅう》と名乗っている。しかし、武将としての血は忘れたわけではなかったようで、秀吉の朝鮮攻め（文禄《ぶんろく》の役《えき》）の時にはわざわざ九州の名護屋城まで出陣している。

## 足利氏の末裔――平島公方と喜連川家

足利義昭は後継者を残さずに亡くなった。では、それによって足利氏は滅んだのだろうか。実は違う。足利将軍家に近い血筋が江戸時代に残っている。

一つは足利義栄の項目でも触れた「平島公方」の血筋である。義栄は将軍にこそなったが京には入れず亡くなり、続いてその父・義維も死んでしまった。しかし、義栄の弟である義助《よしすけ》が二代目「平島公方」を継ぐと、その名の由来になった阿波の地に留まった。平島公方家は阿波の領主になった蜂須賀《はちすか》家から百石を与えられていたが、江戸時代後期の文化二年（一八〇五）になって京へ移り住んだ。

もう一つ、幕末に至るまで徳川家と江戸幕府から敬意を示されて存続したのが、喜連川《きつれがわ》家である。

喜連川家は足利氏の中でも関東公方の流れをくむ一族である。享徳の乱に際して関東公方・足利成氏《しげうじ》は上杉氏と戦ったが、その時に拠点を古河に定めたため、彼の家は以後、古河公方と呼ばれる。古河公方はのちに関東へ進出してきた北条氏と戦うも敗れ、その支配下に入った。最後の古河公方となった足利義氏《よしうじ》が死んだ後、残された彼の娘（氏姫《うじひめ》）が実質的に地位を代行していた。

そこに現われたのが、小田原征伐で北条氏を滅ぼした豊臣秀吉である。彼は義氏の娘と、足利国朝《くにとも》を結婚させ、下野《しもつけ》国喜連川に領地を与えた。これが喜連川家の始まりである。

では、足利国朝とは何者なのか。この人物も血筋を遡《さかのぼ》れば関東公方に辿り着く。足利政《まさ》氏《うじ》（成氏の子）の次男・義明《よしあき》が父や兄と意見が合わずに国元を離れて陸奥《むつ》国にいたところ、上総《かずさ》国の真里谷《まりや》氏に招かれて小弓城《おゆみじょう》攻めに参加。勝利後、この城を拠点にしたので「小弓御所」と呼ばれた。義明は北条氏に敗れ、小弓御所も滅んだが、子の一部は安房の里見氏を頼って落ち延びた。その子孫こそが国朝なのだ。

江戸幕府はこの喜連川家に五千石の領地を認めた。しかし、足利氏の末裔《まつえい》という立場から格式だけは十万石とされた。しかも交代寄合《こうたいよりあい》（一万石以下の旗本だが参勤交代を行ない、大名に近い待遇を受けた）ながら、参勤交代の義務がないなど全般的に特別扱いであった。こうなると人々の目も変わり、領民は当主を「御所様」と呼び、世間はこの家を「喜連川公方」と称したほどである。実際にはそのような家格を支える収入がないわけだから、財政は江戸時代を通してかなり厳しかったようだ。なお、明治元年（一八六八）、喜連川縄氏《つなうじ》の時に姓を足利に戻したが、間もなく廃藩置県を迎えている。

## 〈総論〉室町幕府と征夷大将軍

室町幕府の長である「室町殿」は、鎌倉幕府の例に従って征夷大将軍職に就き、これが武家政権の頂点である証《あか》しとなった。政権の中心は京都であり、自然と公家のあり方や文化を吸収することになって、たとえば、男色文化などが取り入れられた。

さて、そんな室町幕府で将軍はどのような位置付けであったのか。

初代・足利尊氏、二代・足利義詮の頃は、そもそも幕府の体制そのものが不安定で大規模な内乱もあり、また南朝という巨大な外敵もあったので、将軍を中心に団結していこうという傾向が強かったはずだ。その後、南北朝の統一を果たした三代・足利義満は強権を振るって独裁的な政治を行なったものの、その子の四代・足利義持は父とはむしろ反対の方向へ舵を切った。

結果として、室町幕府の政治は有力守護大名の合議によって進む部分が大きくなり、将軍といえども独断で政治を行なうことは難しかった。六代・足利義教はそれでも独裁的な政治を志向したがゆえに討たれ、八代・足利義政は若き日に改革を試みるも夢破れた。ここに傀儡とまでは言えないが、独裁者でもない室町将軍の立場を見ることができよう。

やがて、応仁の乱、続いて明応の政変もあって、幕府と将軍の権威・実力も、大いに失われてしまう。その中で代々の将軍は幕府の再興と将軍権力の回復を目指したが、なかなかうまくいかなかった。自前の経済力・軍事力に乏しいため、細川・三好氏をはじめとする畿内近辺の有力勢力に頼ることになるが、彼らとの距離が近づきすぎると内紛に巻き込まれたり、あるいは彼らの敵対勢力との関係が悪化したりするからだ。結局、最後の室町将軍である十五代・足利義昭までこの傾向は変わらなかった。

コラム

## 戦国乱世の将軍候補者

### 織田信長（一五三四～一五八二）――将軍就任を蹴った覇王

不安定で弱体な時期が長かったとはいえ、武家社会を代表する権威であった室町幕府と足利将軍が倒れた後、江戸幕府と徳川将軍が成立するまで数十年あまり。その間「将軍」も「幕府」も実効性のあるものとしては存在しなかった。

では、新たな将軍になろうとする者はいなかったのだろうか？　このコラムでは戦国時代の将軍候補者たちを見てみよう。

足利義昭を京から追いやった織田信長はどうだったろう。彼は尾張守護代の織田氏の傍流の生まれである。この織田氏は平氏の流れなので、仮に「将軍になれるのは源氏だけ」とするのであれば、信長に可能性はなさそうだ。

ところが、信長は本人が望みさえすれば、征夷大将軍になるチャンスが明確にあった。それが「三職推任」だ。

ここでいう「三職」は太政大臣《だじょうだいじん》、関白《かんぱく》、そして将軍のことで、人臣が望みうる最高の役職と言ってよい。天正十年（一五八二）、織田方の村井《むらい》貞勝《さだかつ》と公家の勧修寺《かじゅうじ》晴豊《はれとよ》という外交担当者二人が、「信長に三職のどれかに就いてもらおう」と話し合っているのだ。のちに晴豊は勅使とともに安土城《あづちじょう》の信長を訪ねており、その時に勅使の目的を問われて「あなたに将軍に就いてもらいたい」と答えている（実際に勅使が持たされている書状には「どの官職にも」とあるので、これは晴豊自身の意図と考えられている）。

三職推任がどちら側から出た意見かはよくわからない。織田方が望んだのかもしれないし、朝廷側が言い出したのかもしれない。ただ、信長が少なくともこの時は答えを出さなかったのは事実である。三職のどれかを受けるつもりがありつつも、ここでは外交手段としてもったいぶって見せたのかもしれないし、既存の統治システムに組み込まれるのを嫌って三職のどれになる気もなかったのかもしれない。信長は天皇以上の存在になって日本を支配するつもりだったのだ、と見ることもできよう。

今となっては信長の意図はわからない。彼は同じ年、信頼していた家臣の明智光秀に本能寺の変で討たれて死んでしまったからだ。その意図次第では、織田将軍を頂点とした安土幕府が日本を支配する未来も、あったかもしれない。

## 明智光秀(一五二八～一五八二)――三日で消えた将軍就任の夢

では、その明智光秀はどうか。

信長を討った光秀は朝廷や有力寺社、京の人々との関係を深めることで己の立場を安定させようとした。しかし、細川藤孝をはじめとする親しかった武将たちの協力を得られないまま、予想外の速さで遠征先から戻ってきた同僚・羽柴秀吉に山崎の戦いで敗れ、逃亡中に落武者《おちむしゃ》狩りにあって命を落とした。本能寺の変から十日あまりしか経《た》たぬ挫折であり、「三日天下」という由縁である。

とはいえ、わずかな期間とはいえ光秀が世の人からして、「天下」すなわち天下人と見えていたのは間違いがない。

もし、秀吉が畿内に戻ってくるのが遅かったなら、あるいは同僚や与力《よりき》の武将たちの協力を得ることができたなら……。基盤を固めることに成功した光秀は、自らをどのような身分に置いただろうか。

征夷大将軍となって幕府を開く可能性はあっただろうか？

彼の出身である明智氏は美濃の名門・土岐《とき》氏の庶流にあたり、清和《せいわ》源氏に属する。もし

「源氏こそ将軍にふさわしい」のであれば、光秀にもその資格はあることになる。

残念ながら、光秀による統治時期はあまりにも短く、あったかもしれない明智政権の姿を想像することは難しい。しかし、手がかりはわずかながらある。本能寺の変直後、光秀が藤孝に送った手紙が残っており、その中には「自分や藤孝の子供の世代のためにやったことであり、状況が落ち着いたら立場を子供たちに譲る」と書いてあるのだ。これを信じるなら、少なくとも光秀自身は将軍といった地位に就くつもりはなかった、ということになるだろうか。

もちろん、この書状を素直に信じるべきかどうかは難しい。当時の光秀は追い詰められており、なんとしても藤孝の協力が欲しかった。「権力欲しさでやったことではないのだ」とアピールすることで藤孝を振り向かせたかった。その可能性は留意すべきであろう。

## 豊臣秀吉（一五三六～一五九八）——将軍の座を欲したのか

光秀を倒した羽柴秀吉は織田政権における同僚たちを次々と倒し、あるいは服属させて、実質的な信長の後継者となった。彼は「豊臣《とよとみ》秀吉」と名を変え、天下を統一した。

豊臣政権の頂点は「関白《かんぱく》」である。豊臣幕府が成立することもなかった。しかし、これは次善の策だった、という説が以前からある。秀吉は将軍になりたかったがなれなかったから関白になった、というのだ。

それによると、秀吉は将軍になるべく義昭に「養子にしてほしい」と頼んだという。目的はもちろん、源氏になるためだ。しかし、義昭に断られ、「関白の方が将軍よりも高貴だ」という助言を受け、関白になった。そのような筋書きになっている。

この説は、現在では俗説と見られている。信頼できる史料の中に「秀吉が将軍になりたがった」根拠が見つけられないからだ。むしろ、奈良興福寺多聞院《たもんいん》の僧侶が記した『多聞院日記』には「正親町《おおぎまち》天皇が秀吉に将軍になるよう勧めたが、秀吉は受けなかった」という記述さえある。

また、そもそも本書で見てきた通り、源氏であることは将軍の必須条件ではない。平氏の信長だって三職推任で将軍職を推薦されているのだ。いや、秀吉の時にはなんらかの理由で源氏であることが必須だという話になっていたとしても、源氏は非常に数の多い一族だから、秀吉が頼めば養子にしてくれる人は、いくらでもいたろう。清和源氏でなく、村《むら》上《かみ》源氏や嵯峨《さが》源氏から探す手もあったはずだ。

秀吉は関白になるにあたって、かなり強引な手段で近衛《このえ》家の猶子《ゆうし》になっている（将軍は源氏、というのはあやふやな話だが、「摂政《せっしょう》・関白は近衛家を含む五摂家しかなれぬ」は明確なルールである）。秀吉はこの無理強《むりじ》いができた。その秀吉が本気になったなら、義昭の養子になれないとは、ちょっと思えない。

となると、秀吉は将軍になりたかったが、なれなかった。だから、仕方なく関白になったのではなく、自ら望んで高位の官職を得た（関白になったこと自体は、公家たちの中で関白の地位をめぐる争いがあったので、それに乗じたものであったらしい）と考える方が自然だ。

実際、秀吉は関白の地位を利用して自らの権威を強化し、諸大名を屈服させるための武器として活用している。この点で将軍よりも関白の方が都合がよかった、と考えることができよう。

このように、戦国時代末期の天下人たちはいずれも将軍になることはなかった。新たな征夷大将軍と幕府の出現には、徳川家康の台頭を待たねばならない。

# 第四章

# 【江戸幕府篇】徳川将軍の正体 其ノ一

## 〈二〉江戸幕府初代将軍・徳川家康（一五四二〜一六一六）

### 人質だった子ども時代

全国統一まであと一歩と迫った織田《おだ》信長《のぶなが》と、全国は統一したが安定した政権をつくることができなかった豊臣秀吉《とよとみひでよし》。この二人の天下人が活躍した織豊《しょくほう》時代（安土桃山時代）を経《へ》て、三人目の天下人――徳川家康《とくがわいえやす》がつくり上げた江戸時代がやってくる。彼は征夷大将軍に就任して江戸幕府を開いた最初の徳川将軍であり、以後、二百六十年あまり、十五代にわたって徳川将軍の系譜が続いていく。

家康は三河《みかわ》の大名、岡崎城主・松平広忠《まつだいらひろただ》の子としてこの世に生まれた。松平氏は清康《きよやす》（家康の祖父）の代には三河を席巻《せっけん》するほどに勢力を伸ばしたものの、清康が暗殺されて以後は駿河《するが》・遠江《とおとうみ》の今川氏と尾張《おわり》織田氏の間に挟まれて不安定な立場に甘んじていた。

幼少期の家康（幼名は竹千代《たけちよ》）は一族の弱い立場を示すかのように数奇な運命を辿《たど》った。人質として今川氏に送られる途中で攫《さら》われて尾張へ連れて行かれ、しばらくそこで過ごし、今川と織田の合戦後の人質交換で、改めて今川氏の元へ送られたのである。まさに「物」扱いだ（なお、近年では岡崎城がこの頃、織田方に攻略されており、織田の支配下にあった松平氏から正式に織田氏へ人質として送られたという説が有力になっている）。

家康は今川氏の本拠地である駿府《すんぷ》で成長し、松平元康《もとやす》と名乗るようになったが、時の今川氏当主・義元《よしもと》からは岡崎城に入ることを許されず、今川氏の一武将として働かされた。転機になったのは、桶狭間《おけはざま》の戦いである。この戦いで義元が死に今川氏の支配力が衰えると、家康は独立を果たした。織田信長と同盟したのも、「家康」と名を改めたのも、この頃のことだ。

以後、家康は天下布武──武力による天下統一を目指す織田信長の同盟者として、また西進する織田氏の東の盾《たて》となって大いに活躍することになる。一方、それは苦難の日々でもあった。

永禄《えいろく》六年（一五六三）から翌年にかけて三河で一向一揆が勃発し、松平家臣までもが一揆《いっき》側について家康を大いに苦しめた。もともとの勢力範囲であった西三河に加えて東三河も統一したのは、松平改め徳川と名乗るようになったのとだいたい同じ頃だ。

## 姓は松平あるいは徳川？

ここで「松平」と「徳川」の関係について紹介しておこう。

『寛永諸家系図伝』『徳川実紀』ほか、江戸幕府の史料によると、家康が従来の松平ではなく徳川を名乗った背景には、松平氏のルーツの物語があったという。

曰《いわ》く、その祖は源氏の勢力を拡大した源義家《みなもとのよしいえ》の孫・新田義重《にったよししげ》四男の義季《よしすえ》である。彼は上野国新田荘世良田郷《こうずけのくににったのしょうせらだごう》徳川村（得川村）に住み、得川四郎を名乗った。しかし、南北朝動乱の頃、新田一族として室町《むろまち》幕府と戦い、領地を追われた子孫の得川親氏《ちかうじ》は、時宗《じしゅう》の僧侶になって各地を放浪した末、三河松平郷に落ち着き、ここで松平を名乗り、初代となった。つまり、松平氏は義家の祖である清和《せいわ》源氏の一族ということになる。

このルーツの物語に従って、家康は自らの姓を徳川とした、というわけだ。なお、改姓当初はその姓氏を「源」ではなく「藤原」としている。これについては、「ルーツの物語がのちに征夷大将軍になるためにつくられたものであるから」という説が有力であったが、近年になって「（将軍職の任命と）同時に行なわれていた従五位下《じゅごいのげ》三河守の官位獲得のための朝廷工作の関係で、藤原を名乗る必要があったのではないか」という説も出ていることを併記しておきたい。

わざわざ名を徳川と変えたのは、三河国内に多数存在するほかの松平一族との差別化を図り、同族のトップに立ち、三河支配を強化したかったのではないだろうか。

## 打ち続く苦難と後世の幻想

家康の苦難の日々に話を戻そう。

永禄十二年までには武田信玄と連携しつつ旧主君である今川氏を攻め滅ぼして遠江を攻め取り、引馬《ひくま》の地名を浜松と改め、ここに城を築いて新たな本拠地とした。元亀《げんき》二年（一五七二）には、その武田方の軍勢が三河・遠江に攻め込んできて危機に陥る。翌年には西進する武田軍に攻撃をしかけて三方ヶ原《みかたがはら》の戦いを挑《いど》むも大敗。滅亡の淵《ふち》に立ってしまう。

この時、敗れた家康は脱糞《だっぷん》しながらもどうにか浜松城へ逃げ込み、しかめ面《づら》した姿をすぐさま絵に描かせ、これを戒《いまし》めとしたエピソードがよく知られている。しかしながら近年になって、脱糞の話もしかめ面の話も、それぞれ後世の創作と考えられ、現代に伝わる「しかみ像」も当時に描かれた絵ではないことがわかっている。

とはいえ、徳川氏と家康が御家滅亡の大ピンチだったことに変わりはない。この時は信玄が急死したので武田方の攻勢が収まり、息をつくことができた。

その後も三河・遠江をめぐる武田との戦いは続いた。「鉄砲三段撃ち」伝説で有名な長篠《ながしの》の戦いでは、織田・徳川連合軍が武田の有力な武将たちを多数討ち取って大打撃を与えたものの、実はこの戦い後も武田氏は長く抵抗を続けたのである、
同盟者・信長との関係も磐石《ばんじゃく》ではなかった。正室・築山殿《つきやまどの》と嫡男・信康《のぶやす》が、武田との内通を疑われたのである。通説では、背景には信康とその妻で織田家から嫁入りしてきた徳《とく》姫《ひめ》の不和があったとされている。この時、家康は息子の無実を声高《こわだか》に主張することができず、信康を切腹させることで信長の追及をかわさざるを得なかった、という。

別説では、武田方から潜《もぐ》り込んできたスパイが築山殿と信康を取り込み、武田・徳川の同盟を約束させたところ、その陰謀が徳姫に知られるところになり、信康は死なざるを得なかったのだ、とする見方もある。

当時、織田・徳川関係は同盟であって臣従ではなく、大事な嫡男の信康を守らず見殺しにしてしまったのは、いかにもおかしい。よほどの失態があったのではと考えると、後者の説も説得力がある。

武田氏は織田・徳川連合軍の攻撃を防ぎきれなくなり、天正十年（一五八二）に滅んだ。

家康は長年の功績によって駿河を分け与えられている。その後、家康は信長に招かれて安《あ》土城《づちじょう》に赴き、饗宴《きょうえん》を受けた。

この時、歓待の責任者を務めた明智光秀の出した膳の魚が腐っているなど問題が起き、光秀は信長から激しく叱責《しっせき》された。この屈辱《くつじょく》が光秀をして反乱に走らせた——という本能寺の変「怨恨《えんこん》説」は近年では光秀の動機として主流ではないが、織田政権内にあった不和を示す証拠の一つではあろう。

さて、光秀が挙兵して京の本能寺に信長を襲った時、家康はどこにいたのか。実は、安土での接待後、まだ畿内見物の最中で和泉国《いずみのくに》の堺《さかい》にいた。堺は信長に屈服するまでは、有力商人による自治で有名だった商業都市である。事件の翌日、家康は堺を後にして京に向かう途中、「信長死す」の知らせ聞くや、わずかな供とともに浜松を目指した。その道中は危険で、落武者狩りに遭《あ》う危険もあったが、伊賀山中を強行突破する賭《か》けが成功し、無事に帰りつくことができた。

なお、本能寺の変について、家康こそが黒幕であるという説があり、その一環として「明智光秀は生き延びて南光坊天海《なんこうぼうてんかい》となり、家康のブレーンになった」などと、まことしやかに語られる。（ほかの陰謀論と同じように）これらは概《おおむ》ね「信用できる史料が根拠になっていない」「勝利した人間が陰謀を巡らせていたに違いないという逆算で組み立てられている」ようで、異説の域を出ない。

そんな中、近年になって「信長は家康を罠《わな》に嵌《は》めて殺すつもりで彼を呼び寄せ、光秀に準備をさせていたが、光秀は家康と密《ひそ》かに手を組み、信長を殺した」とする説が話題になった。しかし、この説についても根拠は薄く、まだ天下取りが道半ばであり、信長が家康を排除するメリットがいまひとつないため、信憑性《しんぴょうせい》は薄いように思われる。

## 信長の死、秀吉の死

中央で謀反人の光秀を討った羽柴秀吉が旧織田政権を掌握していくのをよそに、家康は織田家の影響力がなくなったため、空白地になっていた甲斐《かい》・信濃《しなの》へ進出する。上杉氏や北条氏も進出し争いも起こった（天正壬午の乱《てんしょうじんごのらん》）が、最終的には和睦《わぼく》が成立して家康は甲斐および信濃の大部分を手に入れた。

順調に御家《おいえ》の躍進を図っていた家康だが、織田政権の内紛とまったく無関係ではいられなかった。家康は勢力を伸ばす秀吉と敵対する信長次男の信雄《のぶかつ》と同盟し、秀吉と戦うことになった。小牧《こまき》・長久手《ながくて》の戦いである。戦場においては秀吉軍を翻弄《ほんろう》して有利に戦いを展開したものの、不利を悟った秀吉が信雄と和睦してしまったため、家康としては戦う大義名分を失い、引き下がることになった。

とはいえ、秀吉からすれば家康を放っておくわけにはいかない。東国へ勢力を拡大するには、中部に広く勢力を持つ家康の臣従は必須《ひっす》であったからだ。そこで実の妹である旭姫《あさひひめ》をわざわざ離婚させてまで家康と結婚させ、これでも足らぬと見るや、母までをも人質として送り込んだ。これを受けて家康は上洛し、豊臣政権の大名となったのである。

以後、家康は秀吉に忠実な大名として豊臣政権の重鎮になる。関東の北条氏滅亡後は従来の東海地方の領地に代わって関東地方に二百五十万石あまりの広大な領地を与えられた。そこで家康は江戸を新たな本拠地として定め、開発を進めることになる。

一方、豊臣政権全体はどうであったか。天下統一後、秀吉は海外進出を目論《もくろ》んでたびたび朝鮮へ使者を送り、交渉が芳《かんば》しくないとみるや、ついに二度にわたって武力侵攻を試みた（文禄《ぶんろく》・慶長《けいちょう》の役《えき》）が、激しい抵抗を受けて頓挫《とんざ》。秀吉が大坂城で病死すると、出兵軍も朝鮮から撤退した。

## 天下分け目の関ヶ原

秀吉はこの世を去る直前、五大老・五奉行を制定した。五大老は外様《とざま》の大大名、五奉行は豊臣子飼いの大名によって構成され、秀吉死後の豊臣政権は彼らの合議によって運営された。その中でも領地・実力ともに群を抜いていたのが、家康と織田政権時代に秀吉の同僚であった前田利家《まえだとしいえ》だった。二人は家康が伏見城《ふしみじょう》、利家が大坂城にそれぞれ入って総留守居を務め、豊臣政権の運営に大きな発言力を持った。

一方で家康は独自の行動も進めている。秀吉の命令で禁止されていた伊達政宗《だてまさむね》・福島正則《ふくしままさのり》ら有力大名たちとの婚姻政策を行なって勢力を伸ばしたのである。五大老のうち一人がこのように独断で行動すれば、ほかの大老や五奉行が押さえ込むことを秀吉は期待していたのであろう。しかし、実際には前田利家は病で亡くなり、その跡を継いだ前田利長《としなが》と上杉景勝《うえすぎかげかつ》が大老としての役目を半ば放棄する形で畿内を離れ、領地に戻ってしまった。背景には家康の勢力拡大があったようだが、五大老制度が実質的に瓦解《がかい》して家康の力が突出したのは間違いない。また、五奉行の石田三成《いしだみつなり》も加藤清正《かとうきよまさ》・福島正則ら武断派諸将と対立し、失脚してしまっている。これでいよいよ家康を止められる者は誰もいなくなったかに見えた。
そんな中、慶長《けいちょう》五年（一六〇〇）に上杉景勝が領地の会津《あいづ》で不穏《ふおん》な動きをしたとして、家康は豊臣家の諸将を率いて征伐の軍をあげた。そうして家康がガラ空きにした畿内で、石田三成ら反家康勢力が動く。五大老・毛利輝元《もうりてるもと》を総大将に、同じく五大老の宇喜多秀家《うきたひでいえ》や三成の盟友・大谷吉継《おおたによしつぐ》らが、婚姻政策の件をはじめとした家康の悪事を指摘する「内府ちがひの条々」（内府は当時家康がついていた役職の内大臣を指す）を発表し、挙兵したのである。

これに対して家康は上杉征伐を中断し、豊臣の諸将を糾合《きゅうごう》して戦う姿勢をとった。天下の諸大名は、親・家康（東軍）、また反・家康（西軍）の旗を掲げ、各地で小競《こぜ》り合《あ》いを始める。西進した家康の本隊と、迎え撃つ石田三成らの軍勢が美濃《みの》の関ヶ原で激突したため、これを関ヶ原の戦いと呼ぶ。

後世に天下分け目の大決戦とも呼ばれるこの戦いは短期間で決着がついた。勝ったのは東軍、家康だった。西軍は数で勝《まさ》り、また東軍を囲む位置に布陣して有利であったが、毛利軍が動かず、また秀吉の甥《おい》・小早川秀秋《こばやかわひであき》が裏切った（戦いの終盤で寝返ったというのが通説であったが、近年は始まってすぐだったのではという説が持ち上がっている）ため、東軍の勝利となった。これらは家康の事前工作の成果であった。

戦後、家康は西軍に与《くみ》した諸大名の多くを取り潰し、あるいは大幅に領地を削った。大坂城にいて自ら出陣することのなかった西軍総大将の毛利輝元は、名目上だけでなく実質的にも西軍に深くかかわっていたことを咎《とが》められ、周防《すおう》と長門《ながと》以外の領地を没収されている。一方、西軍に参加しながらも戦後交渉に成功し、ほとんど領地が変わらなかったのは薩摩《さつま》の島津家だ。この二家は幕末に重要な役割を果たすことになる。

## 幕藩体制の確立

通説では、こうして関ヶ原の戦いに勝利して反対勢力をほぼ一掃した家康が、天下人＝新たな武家政権の主となったとされてきた。しかし、実際にはこの時点での家康の立場はいまだ「豊臣政権の大老」にすぎないという説がある。というのも、大坂城に秀吉の遺児・秀頼《ひでより》が健在であり、家康は幼い主君の代わりに政治を行なっている立場だったからだ。こうなると、家康を天下人とは認めにくい。いわゆる二重公儀論である。

そこで慶長八年、家康は朝廷より征夷大将軍の職を受けた。江戸幕府の始まりであり、ここからいわゆる「幕藩体制」がスタートする。幕府が直接支配するのは江戸をはじめとする、のちに「天領」と呼ばれた直轄地《ちょっかつち》で、全国には半ば独立した自治体である藩が存在する。藩は米の生産量を評価した石高《こくだか》に応じて有事に兵を派遣する軍役の義務を持ち、また何かしら問題を起こせば改易《かいえき》（取り潰し）を受ける可能性もあったが、それ以外は基本的に幕府が干渉することはなかったようだ。以後、二百六十年あまりにわたって続く江戸時代体制、その端緒がここにある。

軍役は単に兵を派遣するだけでなく、土木工事などにも適用された。江戸幕府の本拠地として急速に整備された江戸の町の普請《ふしん》（工事）、そして江戸城の造営にも多くの大名が「御手伝い普請」として駆り出された。ところで、ちょっと面白いのが、豊臣家の関係者が各大名の工事現場に送り込まれて、現場監督をしているのである。つまり、江戸幕府が成立してもなお、豊臣政権は残っている証拠の一つが、このようなところにも出ているのだ。

とはいえ、豊臣家の存在により、この二重公儀ともいうべき状況が続いていた、とも言い難い。家康が慶長十年に将軍の座を息子の秀忠《ひでただ》に譲り、自らは「大御所」となって隠居所の駿府に入り、慶長十六年に秀頼と二条城で会見するという世の流れの中で、江戸幕府の影響力は強まり、豊臣のそれは弱まる。特に二条城会見の際には、これまで江戸幕府と縁遠かった西国の諸大名たちも家康に起請文《きしょうもん》を差し出し、関係性が強化された。ここまでくると、豊臣政権が明確に存在し、江戸幕府と二重公儀を形成していたとは言い難いだろう。

## 元和偃武へ

それでもなお、天下の名城たる大坂城に、かつての天下人の子が寄って立っている事実は変わらない。家康にとっては目の上のたんこぶであったはずだ。そんな中で起きたのが、慶長十九年の、いわゆる方広寺《ほうこうじ》鐘銘《しょうめい》事件《じけん》である。

豊臣家によって再建が進められていた京都方広寺の大仏殿。問題になったのは、その大鐘に刻まれた言葉（鐘銘）だ。「国家安康」「君臣豊楽」の文字が見えるが、前者は家康の名を分断にして安らぐと読め、後者は豊臣が楽しむと読める。これは呪いの言葉だ、と幕府が豊臣家を責めたのである。

従来、このエピソードは江戸幕府による無理やりの難癖と解釈されてきた。しかし、近年では「当時の常識からすると、勝手に家康の名前を用いることに問題があり、豊臣側が気をつけるべきだった」とする見方が強いようだ。また、有名なこの問題のほか、「棟札《むなふだ》（建築や修繕の記念として打ち付ける札）に本来、入るはずの大工の棟梁《とうりょう》の名前がない」ことが工事を担当する棟梁から幕府に注進され、紛糾する原因になっている。

これをきっかけに幕府と豊臣家の関係は急速に悪化する。といっても、家康からすれば豊臣家を滅ぼしてしまう必要まではない。だから、大坂からの国替え、あるいは秀頼、もしくはその母である淀殿が江戸へ下ってくることを提案した。この提案を豊臣側が蹴《け》り、幕府が多くの大名家を取り潰したせいで世間に溢《あふ》れていた浪人たちを集めて戦いの準備をしたため、幕府は諸大名に大坂への出陣を要請。二代将軍・秀忠はもちろん、家康自身も老体に鞭《むち》を打って出陣した。「大坂の陣」の始まりである。この時、豊臣方に味方した大名はほぼいなかったことが、幕藩体制の安定を示していると言っていいだろう。

慶長十九年の冬の戦い、いわゆる大坂冬の陣では豊臣方は大坂城に立て籠《こ》もり、頑強に抵抗した。特に元信濃《しなの》上田城主・真田《さなだ》昌幸《まさゆき》の子、信繁《のぶしげ》（幸村《ゆきむら》）が真田丸と呼ばれる出城を築いて活躍したことが知られている。これに対して、幕府方は一時和睦工作を図り、その条件として本丸以外の部分を破壊する（本来埋め立てる予定でなかった堀まで埋め立てたのは、幕府の詐術《さじゅつ》だったというエピソードがよく知られているが、これも近年の研究では当初の予定通りと考えられている）。

結局、両者の和睦は短期間で破れ、翌年、再び合戦が始まった。大坂夏の陣である。もはや大坂城に籠もれぬ豊臣方の将兵は出陣して戦った。毛利《もうり》勝永《かつなが》・真田信繁の両隊による突撃は、一時、家康の本陣近くにまで迫り、本陣の旗が大いに乱れたという。しかし、多勢に無勢。勝永や信繁も次々に倒れ、ついに秀頼・淀殿母子も自ら死を選んで、豊臣家は滅亡したのである。

この年、元和《げんな》と年号が改められ、大名と大名の合戦は絶えてなくなり、「元和偃武《えんぶ》（戦《いくさ》をやめるの意味）」の時代が訪れたと称される。戦後、家康は『武家諸法度《ぶけしょはっと》』と『禁中《きんちゅう》并《ならびに》公《く》家《げ》諸法度《しょはっと》』を制定し、武家と公家・朝廷にそれぞれ守るべきルールを定めた。幕藩体制およびこれらのルールの下、以後、およそ二百六十年にも及ぶ太平の時代がやってくる。

その立役者となった家康は、翌元和二年に病を発し、亡くなった。戦国乱世の終わりを見届けるかのような死であった。死因として知られているのは「当時、京で流行《はや》っていた鯛《たい》の天ぷらによる食中毒」だが、実際は定かではない。ただ、家康は多芸多才の人であり、自ら薬を調合していた人でもあるから、そのようなイメージと合う伝説として「流行り物の食べすぎによる死」が語られたのかもしれない。

家康自身の信仰は浄土宗であり、その葬儀も浄土宗によって行なわれた。遺体は駿河の久《く》能山《のうざん》に葬《ほうむ》られた。「一周忌を経たら日光山に堂を立てて関八州の鎮守《ちんじゅ》（関東を守る神）となぜ」――これが家康の遺言である。
ただ、実際には遺言の通りにはならなかった。家康の宗教政策におけるブレーンだった天海《てんかい》の手で、遺体そのものが日光山に移され、「東照大権現《とうしょうだいごんげん》」として祀《まつ》られることになる。これは家康を薬師如来《やくしにょらい》と重ねるものであり、天台宗の考え方によるものだった。天台宗側もこの言葉を使って家康を祀《まつ》ったので、以後の彼は「東照大権現」や「東照神君」などと呼ばれることになる。死後の扱いも政策に左右されてしまうのは、英雄ならではと言えるだろうか。

## 〈二〉江戸幕府二代将軍・徳川秀忠（一五七九〜一六三二）

### 天下分け目でのしくじり

徳川秀忠《ひでただ》は父・徳川家康の跡を継いで征夷大将軍となり、江戸幕府の基盤を固めた人である。しかし、彼は順風満帆に徳川の後継者となったわけではない。その地位を確固たるものにするまでは、波瀾《はらん》万丈の人生があったのだ。

そもそも、秀忠は家康の三男である。長男の信康、次男の秀康《ひでやす》という二人の兄がいた。ただ、戦国乱世においては、必ずしも長幼の序が優先されるとは限らない。本人に才覚があるかないか、正室の子か側室の子か、後ろ盾《うしだて》がいるかいないか（多くは母方の関係である）に大きく左右される。秀康と秀忠は側室を母（小督局《おごうのつぼね》と宝台院）としたのに対し、信康は正室の子である。また、信康・秀康ともにその武勇や才覚を評価されていたようだ。この状況では、普通、秀忠が家康の跡を継ぐことはない。

ところが、家康の項で紹介した通り、信康は武田氏との内通を疑われて自決へ追い込まれてしまった。また、秀康は豊臣秀吉の養子になり、のちに関東の国衆・結城《ゆうき》氏の養子になったので、後継者候補から外《はず》れた。結果、三男の秀忠が家康の後継者になったのである。

しかし、秀忠は手痛い失敗を犯し、後継者の座が危うくなったのではと思われる時期がある。慶長十二年（一六〇〇）の関ヶ原の戦いにおいて、秀忠は江戸から東海道を進む家康とは別に、徳川の本隊と呼べる譜代の諸将を率いる軍勢を預けられ、中山道《なかせんどう》を西へ向かった。その途上、信州上田城主の真田昌幸に足止めされ、ついに関ヶ原の地での決戦に間に合わなかったのである。この一件で秀忠は父の怒りを買い、諸大名が間に入って、どうにか許された。

　また、関ヶ原の戦い後、家康が有力家臣たちに後継者について意見を求めたという有名な逸話が残っている。この時、文官の本多正信《ほんだまさのぶ》は秀康を、武将の井伊直政《いいなおまさ》は四男の忠吉《ただよし》（直政の娘婿《むすめむこ》だった）をそれぞれ推《お》した。唯一、以前から秀忠と距離が近かった大久保忠隣《おおくぼただちか》だけが「秀忠は武徳だけでなく文徳もあって、しかも孝行でかつ謙虚で、後継者にふさわしい」と主張し、これを家康が評価したので秀忠が後継者の地位を保った、とされる。

　明確に後継者と定められていた秀忠を戦後の時点で外すことができるのか。そもそも外すとしても、わざわざ家臣たちの意見を求めるのか、といえば怪しい話ではある。しかし、お話としては非常に面白いので紹介した。幕府が編纂した徳川家の歴史書『徳川実紀』が、秀忠の性格について「仁孝恭謙の徳が備わっていた」としているから、大久保忠隣が語ったように、当時からそういった評価はあったのかもしれない。

　その後、慶長十年に秀忠は二代目征夷大将軍となり、江戸城に入った。しかし、家康が亡くなるまでは、「大御所」こと家康が政治の主導権を握っており、秀忠は重要項目の決定については必ず許可を取ってから行なっていたと見られる。秀忠が主導的に政治を行なうのは家康の死後だ。その後、嫡男である家光《いえみつ》に跡を譲ると、今度は自分が大御所になって実権を握り続けた。

## 幕府権威確立のために強硬姿勢

秀忠治世下の特徴としては、数多くの改易が行なわれた。たとえば、豊臣恩顧の将として知られた福島正則《ふくしままさのり》など、関ヶ原の戦い以降に仕えるようになった外様大名だけではなかった。

関ヶ原の戦い以前から仕えていた譜代大名の改易は、政権の主導権をめぐる争いに端を発したであろうものが目立つ。大御所政治の時代には、秀忠を推薦したとされ、秀忠が将軍になった後は側近として活躍した大久保忠隣が謀反《むほん》の疑いで取り潰されている。一方、秀忠が実権を握った後には本多正信の子・正純《まさずみ》がやはり謀反を疑われ、改易となった。どちらの背景にも政争があったと考えられている。

それどころか、徳川・松平一族である親藩大名さえもこの時期に改易されている。秀忠の弟、松平忠輝《ただてる》がそれだ。素行が悪く、大坂の陣で旗本（徳川家の家臣）と衝突したことが原因とされた。秀忠としては将軍家の権威を示すため、弟にさえも厳しい態度を示すことを周囲に見せたのであろう。

厳しい態度という話で言えば、朝廷・公家・寺社に対するそれも注目したい。家康が大御所として政治を行なっていた元和元年（一六一五）に禁中并公家諸法度を発したのをはじめ、朝廷が自らの力を持ち、あるいは他の大名と結びつくことで幕府の邪魔にならないように統制を強めてきた。

秀忠もこの路線を継承し、元和六年には自らの娘の和子《かずこ》（東福門院《とうふくもんいん》）を時の後水尾《ごみずのお》天皇に嫁がせ、さらに朝廷への働きかけを強めた。

また、寛永《かんえい》四年（一六二七）から寛永六年にかけては、「紫衣《しえ》事件」が起きた。高位僧侶の証《あか》しである紫色の袈裟《けさ》はもともと朝廷が与えることになっていたところ、幕府の許可が必要になったが、天皇がこれを無視したため、ついに幕府から叱責《しっせき》を受けたのである。さらに抗議した僧侶たちは配流《はいる》され、許可なく与えられた紫衣も奪われてしまった。これらの騒動の中で寛永六年、後水尾天皇が突如として譲位。幕府は後日これを認め、和子が産んだ娘（明正《めいしょう》天皇）が即位することになった。

## 公方様は恐妻家

さて、ここまでは秀忠の公的な顔ばかり見てきたが、それだけではちょっとつまらない。

最後に「私」の顔も見てみよう。女性関係である。

　秀忠の正室はお江与《えよ》もしくはお江《ごう》と呼ばれた女性だ。近江《おうみ》の戦国大名・浅井長政《あさいながまさ》と織田信長の妹・お市との間に生まれた三姉妹の末娘にあたり、一番上の姉は豊臣秀頼の母・淀殿である。平成二十三年（二〇一一）のＮＨＫ大河ドラマ『江』の主人公だ。

　浅井長政が信長に滅ぼされ、またお市が再嫁《さいか》した柴田勝家《しばたかついえ》も秀吉に滅ぼされ、お江与は姉たちとともに秀吉の庇護下に入った。やがて、豊臣政権の大大名である徳川家の後継者たる秀忠の元に嫁ぐわけだが、実はこれが初婚ではない。まず尾張大野城の佐治一成《さじかずなり》に嫁いだが、彼が秀吉の怒りを買って離縁（この結婚が実際にあったかは諸説ある）。次に秀吉の一族に当たる羽柴秀勝《はしばひでかつ》に嫁いだものの、今度は死別してしまう。最後に結婚したのが秀忠だった、というわけだ。

　こういう経歴の女性だからか、ずいぶん気の強い人だったらしい。そして、秀忠はそんな妻に気を使う恐妻家であった、とされる。後述する秀忠の後継者争いが少なからず紛糾《ふんきゆう》したのも、お江与が嫡男ではない次男・忠長《ただなが》を愛したからこそだと考えられてきたわけだ。

　そんなお江与の存在があったからこそ起きたであろう、もう一つの事件も紹介したい。それは秀忠四男、保科正之《ほしなまさゆき》の誕生にまつわるものだ。

正之の母は女中、お静の方である。秀忠の手つきになってその子を産んだわけで、これ自体は別に珍しくもない。しかし、秀忠は正之を当初は認知せず、信濃高遠《たかとお》藩主・保科正《まさ》光《みつ》に預けて養子としてしまった。どうしてそんなことをしたかといえば、お江与の怒りを恐れたわけである。

現代ならともかく、中世から近世にかけての価値観であれば、秀忠は堂々とお静の方を側室として迎え入れればいいし、正之を庶子として遇すればよい。それなのに妻をはばかり、長く知らぬふりをし続けた。結局、子供と認めたのはずっと後、忠長の仲介があってのことであったという。このあたり、秀忠の人間性が見えて来る気がしないだろうか。

## 〈三〉江戸幕府三代将軍・徳川家光（一六〇四～一六五一）

### 生まれながらの将軍

徳川家光《いえみつ》は初代将軍・家康の孫、二代将軍・秀忠の嫡男である。

彼が生まれた慶長九年（一六〇四）には、すでに家康が征夷大将軍になっていた。豊臣家こそまだ健在ではあったものの、将軍職が家康から秀忠へ、そして家光へと継承されるのは多くの人々にとって規定事項であったはずだ。だから、家光はしばしば「生まれながらの将軍」といった、権威ある存在であると考えられている。しかもこの言葉は家光自身も口にしていたと伝わる。

元和九年（一六二三）、将軍になった家光は諸大名を集めた場で、「自分は生まれながらの将軍だ」と宣言した。祖父や父は諸大名に支えられて将軍になったが、自分はそうではない。だから、あくまで諸大名を家臣として扱うし、文句があるなら国元に帰って合戦の準備をしろ、というわけだ。この堂々たる宣言を受けてすぐ、東北の大大名である伊達政《だてまさ》宗《むね》が恭順の意を示したので、諸大名はいよいよ恐れ入った、と伝わる。

この話、非常に有名だが、どこまで信じていいかは怪しい。出典の『名将言行録』は幕末に書かれた人物列伝であるからだ。

将軍になったばかりの家光には実権がなく、傀儡《かいらい》に近しい存在だった。秀忠は家康の振る舞いをなぞるかのように将軍を譲ったのちも、実権を持ち続けていた。諸大名がそのことを知らなかったとはとても思えず、そうなると、家光をあくまで若輩《じゃくはい》の、お飾りの将軍として見たであろうから、このような大口が叩《たた》けたかどうか。結局、家光が政治の実権を手中にしたのは、寛永九年（一六三二）に秀忠が死んだ後のことであった。

そもそも家光は嫡男として生まれたものの、幼少期は病弱であり、さらに父と母の寵愛《ちようあい》は、むしろ弟の忠長に向けられ、家康の介入によって、ようやくその地位を確立させたとされている（くわしくは後述）。家光はこのこともあって祖父を深く敬愛し、自らを「二世権現」、家康の生まれ変わりであると称したほどだ。

やはり、「生まれながらの将軍」と自分を誇示できるほど自信に溢《あふ》れていたとは、まったく思えない。いや、あるいはそのようなあやふやな少年期を経験し、将軍に就任してからも実権を持てなかったからこそ、虚勢を張って諸大名と対峙《たいじ》した、とは考えられるかもしれない。

## 江戸幕府の完成

家光時代には幕藩体制がさらに強固なものになっていく。諸藩の統治にはよほどのことがなければ干渉せず、幕府は外交および直轄地の管理を行なう体制はそのままに、旗本や譜代大名が役職について運用する官僚制度が、この頃になって概ね完成するのだ。

実際、幕府政治の舵取りを行なった、いわゆる「幕閣」の重職である老中《ろうじゆう》（元は年寄《としより》と呼ばれていた、平時における幕臣の最上位者）・若年寄《わかどしより》（旗本の統括や将軍家の家政を担当。元は家光の側近「六人衆」）、あるいは三奉行（寺社奉行、勘定奉行、町奉行）に目付《めつけ》・大目付《おおめつけ》（前者は旗本、後者は大名の監察役）といった役職が制定されたのは、この頃だ。なお、老中・若年寄の上に大老が設置されることもあるが、これは譜代の名門でも井伊家や酒井家など限られた家しか就任しないし、常置の職でもない。

家光は成長してからも病に倒れることがあった。そのような時期でも幕政が揺らぐことなく運営されたのは、彼ら幕閣による統治が万全であったからだ。

また、江戸時代を代表する光景の一つと言える諸大名の参勤交代も、家光の時代に始まった。寛永十二年に改定した武家諸法度において「国元と江戸を一年交代で往復する」ことを定めたのである。

さらに、家光時代の大きな決断として、「鎖国《さこく》」にまつわるものも注目したい。そもそも戦国時代頃よりヨーロッパの船がたびたび日本へやって来て、貿易やキリスト教の布教を行なっていた。織田信長はどちらも認めたが、豊臣秀吉はキリスト教を危険視して布教を禁じ、家康・秀忠はその秀吉の政策を継承して「布教は禁止（当初は実質黙認、やがて禁止へ）で貿易はよし」という態度を取ってきていたのである。

ところが、ここに二つの問題が持ち上がる。一つは幕府と無関係に西国大名が貿易を行なっていたこともあって、幕府としては外交的な意味でも経済的な意味でも貿易を独占したかった。そして、もう一つは寛永十四年から翌年にかけて、九州の島原で過酷な年貢に反発して巻き起こった民衆の反乱「島原の乱」が、弾圧されたキリスト教徒たちによるものという側面も持っていたことだ。幕府はこれまで以上にキリスト教を、ひいてはヨーロッパ諸国を警戒するようになった。

結果、幕府は諸外国との交流の窓口を制限して、ヨーロッパ諸国のうち唯一付き合いを続けたオランダの商館を長崎の出島（長崎の豪商が出資して築造された人工島）に置いた。長崎には清《しん》（中国）の商船もやって来る。薩摩藩に琉球《りゅうきゅう》（沖縄）の征服を許し、ここが中国との窓口にもなったようだ。秀吉の朝鮮征伐で途絶していた朝鮮との交渉は家康・秀忠時代に復活し、対馬《つしま》を窓口にして付き合いが持たれた。蝦夷地《えぞち》のアイヌに対しては松前藩《まつまえはん》が圧力をかけ、最終的には武力で支配した。

この四つの口以外で諸外国や異民族と繋がりを持たないというのが、家光時代におおよそ完成し、長く続いた、いわゆる「鎖国」体制である。

## 男色趣味と女体開眼

このように、江戸幕府の体制完成に大きく関与した家光であるが、私生活や人間性の面ではなかなか問題のある人でもあったようだ。

家光は踊りを好み、またそのために華美な衣装を着て化粧をするのを好んだ。女装趣味もあったようだ。それら自体は当世流行《はや》りの風俗であったようだが、天下人たる人がすることではない、と眉をひそめる者が出てくるのは仕方がない。ある時、家光が合わせ鏡を使って化粧をしていると、傅役《もりやく》の青山忠俊《あおやまただとし》がやって来て、鏡を庭に捨ててしまった（『名将言行録』）。青山はたびたび家光を諫《いさ》めたが、ついに主君の怒りを買って減封《げんぷう》、蟄居《ちっきょ》と罰を受けている。

この踊りの趣味から転じたのか、家光は大変な男色家だった。多くの小姓《こしょう》（身の回りの世話をする若者）に手を出し、その中には老中にまで出世した堀田正盛《ほったまさもり》などもいたという。

男色そのものは、当時の武士にあった風俗であるが、家光の場合は行き過ぎであったようだ。つまり、普通は武家ともなると、男色とともに女色も嗜《たしな》んで子をなすのだが、若き日の家光は男色一本槍だったらしいのだ。これでは武家の主人としての義務である家督の継承が不安定になる。正室として鷹司《たかつかさ》家より孝子《たかこ》を迎えたものの家光は見向きもせず、結局、彼女は江戸城内の吹上《ふきあげ》に御殿を造って別居したほどだ。

家光がどうしてそこまで女嫌いになったかはわからない。気が強かったという母親が、影響を与えたのだろうか。

これを心配したのが乳母の春日局《かすがのつぼね》である。どうにかして家光に女性へ興味を持たせなければ、徳川将軍家の血が絶えてしまう。そこで、まずは美少年風の女性を見繕《みつくろ》って家光の周りに用意した。

決定打になったとされるのが、公家の家に生まれて尼になった少女だった。彼女は家光の元へ院主《いんじゅ》（寺の代表者）就任の挨拶に来たのだが、その気品ある美しさに家光が興味を持ったのを、春日局は見逃さなかった。彼女を口説《くど》き落として還俗《げんぞく》させ、側室・お万の方としたのである。このような春日局の奮闘もあって、家光は後半生において女性とも交わり、四代将軍となる家綱《いえつな》や五代将軍となる綱吉《つなよし》をもうけていくのである。

また、春日局が家光のために整備した江戸城の奥向き（将軍とその家族・側室、あるいは彼女らを支える女性たちの生活空間）は、「大奥」と呼ばれるようになった。

## お忍び趣味

家光には別の趣味として、忍び歩きがあった。というよりも、彼の頃までは、将軍といえども江戸城に引き籠もっているばかりではなく、たびたび外へ出る機会があったし、また将軍が望めば、わずかな供とともに町歩きができるくらいの柔軟さはあった、ということかもしれない。

家光のお忍びについても、(信憑性が定かならぬ話も含めて)いろいろなエピソードが伝わっている。落語『目黒の秋刀魚《さんま》』で、目黒で食べた秋刀魚の味に感動した世間知らずな殿様が登場するが、そのモデルは家光といった話もある。

そんな中で、『徳川実紀』に記された美談をご紹介したい。家光が鷹狩《たかがり》の帰りに、お忍びで目黒の成就院《じょうじゅいん》に立ち寄った。すると、その客殿に立派な絵がある。当時の目黒は今のような都会ではないので、家光は不思議に思って住職に理由を聞くと、保科正之という大名の母親の援助だと話す。そして、その保科正之という大名は、今の将軍の弟なのに将軍から厚く扱われず、貧しい暮らしをしている。なんとも情けがないことだ、と住職が切々と語る。家光はこれを聞いて初めて弟の存在を知り、以後は弟を厚く遇し、頼りにするようになったとされている。

辺境の僧侶が知っている弟の存在を家光が知らないというのはともかく、『徳川実紀』に書かれるほど、家光にはお忍びのイメージがあったのかもしれない。

家光は四十八歳で亡くなり、その後を継いだのは十一歳の嫡男、家綱《いえつな》であった。若年での将軍就任だったが、幕政はさほど動揺しなかった。家康から家光までの三代にわたって構築された高度な官僚機構、さらに家光の異母弟・保科正之が幼い将軍を支えたからである……。

## 〈四〉江戸幕府四代将軍・徳川家綱（一六四一〜一六八〇）

### 文治政治への転換

三代将軍・徳川家光は幼い子どもを残して死んだ。それが四代目将軍・徳川家綱《いえつな》である。もちろん、政治などできるはずもないが、幕政は滞《とどこお》りなく進んだ。

不安要素がなかったわけではない。いや、むしろ家綱時代の初期の社会は、少なからず不安定だった。その背景には、戦国時代の終焉《しゅうえん》から江戸時代黎明期《れいめいき》にかけて諸大名の取り潰しが連続し、職を失った浪人たちが天下に溢れていたことがある。行き場を失った彼らの不満が世間をざわつかせていたのだ。

ここから起きた有名な事件が慶安《けいあん》の変だ。慶安四年（一六五一）に家綱が将軍宣下を受ける直前、諸大名とも付き合いのあった軍学者・由《ゆ》井《い》正雪《しょうせつ》とその仲間の浪人たちが、江戸城を襲撃する計画を立てていたことが発覚したのである。

この事件そのものは未然に鎮圧されたが、幕府としては浪人問題を放置できなくなった。そこで五十歳未満の武家当主に対して末期《まつご》養子《ようし》（死に際《ぎわ》に養子を取ること）を許し、跡継ぎなく家が潰れることを防いだ。また、寛文《かんぶん》三年（一六六三）に家綱が発布した新しい武家諸法度では殉死《じゅんし》（家臣が死んだ主君を追って自決すること）も禁止している。家康・秀忠時代によく見られていた大名取り潰しも、家綱時代にはぐっと減っていた。

戦国乱世の遺風を継いで強硬的な態度、ある種の武断主義を取っていた幕府が、文治主義によって諸大名を統制し、天下を安定させていく流れが、家綱時代になるとはっきり表われている。

実際、家綱時代の初め、京都所司代の板倉重宗《いたくらしげむね》が時の幕政の中心者である酒井忠勝《さかいただかつ》に語った言葉が忠勝の伝記『酒井空印言行録《さかいくらいんげんこうろく》』に記されている。曰《いわ》く「京都では、今の将軍様は寛厚だとしきりに噂されている」と。寛大さの時代がやってきていたわけだ。

## 「左様せい様」の御趣味

もちろん、このような政治を幼い家綱自身がやっていたわけではない。初期は家光時代から政治を取り仕切っていた酒井忠勝、あるいは「知恵伊豆《ちえいず》」こと松平信綱《まつだいらのぶつな》といった幕閣の人々に加え、家光が遺言で家綱を託した異母弟・保科正之が幕政を取り仕切った。

正之は仁政の人であった。明暦《めいれき》三年（一六五七）、明暦の大火で江戸がほとんど丸焼けになった際には武士たちが家を建て直すための援助を行ない、庶民たちにも金を配った。また、燃えてしまった江戸城を再建する際にも天守を不要として立て直させなかった（だから今も旧江戸城、現皇居に天守はない）。殉死の禁止も彼が主導して行なったという。会津藩主として大領を与えられていたが長く所領に戻らず、幕政に専念したとされる。

一方、家綱時代の後半になると、家光時代の重臣も正之もこの世を去り、実権を握ったのは老中（のちに大老）・酒井忠清《さかいただきよ》であった。この人は大手門下馬札の前に屋敷を持っていたことから「下馬将軍」の通称で呼ばれるほどの権勢を誇った。自身もその力に酔って驕《おご》り、人々も彼に媚《こ》びへつらったというから、後世の評判はあまりよくない。

では、彼らが政治の実権を握っている一方で、家綱は何をしていたのか。趣味に打ち込んでいたらしい。家綱は絵を好み、お抱え絵師にも描かせたし、自分でも描いた。能や狂言を見、囲碁《いご》や将棋を嗜《たしな》み、長じてからは茶の湯も大いに楽しんだという。

もちろん、政治と無関係ではいられないわけだが、政務を行なう時の決め台詞《ぜりふ》は「左様せい」であった。「左様せい様」と陰でいわれた由縁である。そもそも家綱は体が弱かったこと、幕府の政治機構がしっかりしていたので余計なことを言う必要はなかった。むしろ、下手《へた》に口を出せば政治が混乱するため、将軍は承認だけしていればそれでいいという考えも成立するだろう。

実際、家綱の治世は安定していたのだから、その点で家綱を責めるのも哀れではある。ただし、後継を残さぬまま、四十歳で亡くなってしまったため、次代に混乱を残すことになった。

## 〈五〉江戸幕府五代将軍・徳川綱吉（一六四六〜一七〇九）

### 老中の推しにより将軍へ

徳川綱吉《つなよし》は徳川将軍の五代目である。三代将軍・家光の四番目の子であり、四代将軍・家綱の弟にあたる。

徳松と呼ばれた幼少期に賄料《まかないりょう》として十五万石を与えられ、元服して綱吉と名乗るようになった後に上野館林《こうずけたてばやし》藩二十五万石の領主となった。将軍家に生まれた男子として恥ずかしくない扱いを受けていたと言っていいだろう。

このままなら綱吉は分家の祖として歴史に名を残したかもしれない。しかし、兄の家綱が後継者を持たないまま病に倒れ、もう一人いた兄もすでにこの世を去っていたため、延宝《えんぽう》八年（一六八〇）に跡継ぎとして指名されて新たな将軍になった。

実はこの時、密《ひそ》かに後継者をめぐる対立があった。血筋で言えば、綱吉よりも正統な後継者候補はいなかったのだが、家綱時代に活躍した大老・酒井忠清は徳川家よりもさらに高貴な血筋――つまり、皇族より将軍を迎えようと考えたらしい。先に述べたように忠清の権勢を思えば実現してもおかしくはなかったが、時の老中である堀田《ほった》正俊《まさとし》が綱吉を推したので退けられた。もし、皇族を将軍に招く伝統が成立していたなら、その後の江戸幕府のあり方も大きく変わっていたろう。

以後始まる綱吉の治世は、大きく二つの時期に分けられる。どちらも家綱時代の門閥《もんばつ》譜代が台頭した体制から、綱吉自身による親政が行なわれた。

前期は綱吉によって酒井忠清が更迭《こうてつ》された後、堀田正俊らが活躍した天和《てんな》・貞享《じょうきょう》年間で、優《すぐ》れた政治として「天和の治《ち》」と讃えられた。

その特徴は綱紀《こうき》粛正《しゅくせい》にあり、多くの大名家を「適切な政治を行なっていない」として取り潰した。特に有名なのは越後《えちご》高田藩松平家のお家騒動――いわゆる「越後騒動」にまつわる一件で、綱吉は自らこの騒ぎを裁いて最終的に高田藩を改易した（のちに藩主の養子が石高を減らして再興を許された）。

また、幕府直轄地（天領）を管理する代官たちについても不正を行なう者を厳しく取り締まっている。

## 生類憐みの令は悪政か？

しかし、堀田正俊が若年寄の稲葉正休《いなばまさやす》によって江戸城で殺害された後、元禄《げんろく》・宝永《ほうえい》年間の政治はすこぶる評判が悪い。

側用人《そばようにん》という将軍と老中の間の連絡を担当する側近職を設置し、牧野成貞《まきのなりさだ》や柳沢吉保《やなぎさわよしやす》ら寵臣《ちょうしん》に絶大な権力を与えたこともそうだが、特に悪名《あくみょう》高いのは「生類憐みの令《しょうるいあわれみのれい》」の総称で知られる一連の法令だろう。基本的には江戸をはじめとする幕領に向けて発令されたものだが、諸藩でも影響を受けて同種の法令を発した。

これは平たく言えば、「生き物の命を大事にせよ」というもので、特に牛や馬、犬や鳥を保護するよう命じた。「将軍御成《おなり》（外出）の時に犬や猫を隠さなくてよい」「馬の筋を伸ばすことの禁止」「牛馬を捨てたり、尾先を焼いたり、無理に重い荷物を背負わせたりしてはならない」などといった法令が知られている。

中でも犬については、「車で犬を轢《ひ》き殺さないように心がけろ」「犬同士が喧嘩《けんか》をしている時は水をかけて喧嘩を止めろ」などと指示するだけに止《とど》まらず、江戸中に無数に増えた野犬をわざわざ広大な犬小屋を作って閉じ込めるありさまであった。そして、その維持費として江戸の町民や関東の国々から金を巻き上げたのである。

法令は罰則も伴い、違反者の中には死罪・遠島に処される者もいた。結果、人々の不満は大いに高まったのである。幕府役人においても、殺生に繫がる鷹狩が廃止されたせいで、関係する役職がなくなって犬小屋役人に転ずることになった。彼らも思うところはあったに違いない。

なお、生類憐れみの令が始まるにあたって有名な伝説がある。

「嫡子徳松を失った後、綱吉は新たな子を望んだがかなわなかった。そこに隆光《りゅうこう》なる僧侶が現われ、世継ぎが生まれないのは前世の殺生の報《むく》いであると説《と》いた。それでも子を欲しがる綱吉に隆光は、今世で生類を憐れむこと、特に（綱吉は戌年《いぬどし》生まれ）犬を大事にするとよいと伝えた」と告げたとされる。だから、犬をことのほか大事にしたというわけで、綱吉が「犬将軍」と呼ばれるようになった由縁であるが、この話には証拠がなく、俗説と考えられている。

綱吉は犬型の湯たんぽを愛用していたともいうから、犬への愛着はあったと推測はされるが、さすがに幕政の舵取りを趣味嗜好《しゅみしこう》だけで決めはしないだろう。

## 戦国の遺風に立ち向かう

では、なぜ綱吉は生類憐みの令を発したのだろうか。

そもそも綱吉は嫡男の死ぬ前から儒学・仏教に傾倒し、人々がそれらの教えに従って生きるよう働きかけていた。つまり、「忠」や「孝」を大事にし、またみだりに殺生をしないことは当然だった。しかるに当時の人々は戦国の遺風をまだ引きずっていて、生き物の命を奪うこと、苦しみを与えることは自然で罪悪感もなかった。だから、法令によってその価値観を転換させようとしたわけだ。

このことに関連する綱吉の政策が二つある。

江戸時代前期にはかぶき者、あるいは旗本奴《はたもとやっこ》・町奴《まちやっこ》と呼ばれる無頼《ぶらい》の者たちがいた。戦国乱世の価値観を色濃く残し、派手な装束や無法な振る舞い、喧嘩などに明け暮れる者たちだ。綱吉は天和《てんな》三年（一六八二）頃より彼らへの取り締まりを強化し、弾圧した。

また、生類憐みの令と同時期に服忌令《ぶつきりょう》も出した。これは死者が出たら喪《も》に服さなければならないというもので、死を穢《けが》れとみなす価値観を広げるのに役立った。

これら一連の政策によって戦国の遺風は過去のものとなっていき、平和と安定を尊《たっと》ぶ価値観が醸成されていく。その点で、かつて「犬将軍」と呼ばれ、ある種の蔑視《べっし》を受けてきた綱吉の政策は近年再評価されているのは間違いない。

もちろん、価値観の転換というのはスムーズにいくものではない。元禄《げんろく》十五年（一七〇二）の赤穂《あこう》浪士による吉良《きら》上野介《こうずけのすけ》襲撃（いわゆる赤穂事件、あるいは事件を題材にしたフィクションのタイトルから『忠臣蔵』事件）などは、その象徴であろう。

事件の二年前、赤穂藩主・浅野《あさの》内匠頭《たくみのかみ》が江戸城内で吉良を襲って切腹・取り潰しに追い込まれた一件は、幕府としては当然の裁きと言えた。しかし、赤穂浪士は武断的価値観である「喧嘩両成敗」の観点からこれを不服に思い、ついに吉良を襲ってその首を取ってしまう。彼らは幕府によって切腹を申しつけられたが、世の人々はこれを義挙として大いに褒《ほ》め称えた。綱吉の政策にまったく反する世論であり、将軍は大いに不満を持ったのではないか。

また、綱吉の政策全般で見ても、生類憐みの令を強引に実行したことで庶民の負担が重くなり、人々の恨みが綱吉に向けられていたのも、また事実であろう。彼の跡を継いだ家《いえ》宣《のぶ》は、遺言として生類憐みの令の継続を求められたにもかかわらず、かなりの部分を無効化してしまったことからも、それがわかる。価値観を転換させるのは難しいのだ。

コラム

# 徳川将軍になり損ねた殿様連中 壱

## 徳川忠長（一六〇六〜一六三四）――大御所に阻まれた将軍の座

史実における徳川幕府三代将軍は、本文で見てきた通り、徳川家光だ。しかし、もしかしたなら、別の人物が将軍になっていたかもしれない。そのような可能性もあった。その人物が家光の弟、徳川忠長《ただなが》である。

忠長は家光と同じく、二代将軍・秀忠とその正室のお江与の間に生まれている。比較的発達が遅かったとされる家光に対し、幼い忠長（幼名は国松、あるいは国千代とも）は利発な少年であったという。

ことに母のお江与の国松への溺愛《できあい》ぶりは甚《はなは》だしいものがあり、自然と秀忠もそれに従って国松に目を向けるようになった。

こうなると、話は秀忠の家族問題に留《とど》まらない。何しろ秀忠は二代将軍であり、彼の子どもたちのうち誰かが三代将軍になる可能性が高かった。徳川家臣団も、諸大名も、「誰が次の将軍になるのか」気が気でない。次期将軍となる方に早くからお近づきになり、友好関係を築けたなら、将来、得するに決まっている。自然、忠長を敬い、家光を軽んじる空気がつくられていく。

このような関係性は以前の幕府にもあった。鎌倉幕府初代将軍の源頼朝《みなもとよりとも》と妻の政子《まさこ》は、次男の実朝《さねとも》を寵愛した。頼朝が実朝の後見人として政子の実家の北条氏を配置したこともあって、長男の頼家《よりいえ》を擁する派閥と次男の実朝を擁する派閥による対立が生じたのだ。それが最終的に河内《かわち》源氏の正統が滅ぶ惨事へ至ったのは、すでに見てきた通りである。秀忠の後継者についても、同じような悲劇が巻き起こる可能性は、決して小さくなかった。

この流れに敢然《かんぜん》と立ち向かったのが、家光の乳母、春日局であった。彼女は伊勢参りに出かける女中たちに紛《まぎ》れる形で単身江戸城を出て、駿府にいた家康を訪ねた。春日局の直《じか》談判《だんぱん》を聞き届けた家康はすぐさま江戸入りすると、出迎えた秀忠家族に対して、以下のようなパフォーマンスをしてみせた。

まず、家光を呼び寄せ、自分の横に座らせる。ここは一段高くなっており、立場の差を表わしている。兄が呼ばれたのだから自分も行くのが当然、と忠長が歩み寄ろうとすると、家康はこれを押し留め、下座にいるように指示した。これによって家光こそが秀忠の嫡男として将軍職を継ぐものであり、忠長は高貴な身分ではあるものの、あくまで家光の下である、と定められたわけだ。

戦国乱世の時代なら、より能力の高い者、あるいは巨大な勢力に後押しされている者が跡目を継ぐことに合理性もあった。だが、すでに大きな戦《いくさ》もない。それならば、血筋や長幼の序によって跡継ぎは決めるべきだ――そのような家康の意図がはっきり見えるような裁定である。実際、家康はこの後、わざわざお江与に「嫡男とそれ以外の子の違いは幼い頃からしっかり教えなければならない。成長後の忠長は家光の藩屏《はんぺい》（守護者）として活躍してもらわなければいけないのだから」と語ったという話も、家康の考え方を証明するものであろう。忠長は藩屏以上の存在になってはいけなかったのである。

このように言い聞かされたお江与にも不満はあったかもしれないが、反論したという話は残っていないし、できるはずもない。そのような権利は彼女にはなかったのだ。

「将軍にはなれず、兄が生きている間は一生兄の下」と運命づけられた忠長は、その後どうなったのか。

元和四年（一六一八）には甲斐の領主となり、寛永元年（一六二四）に駿河・遠江へ加増・転封となった。二年後に権大納言《ごんだいなごん》の官職を受け、「駿河大納言」と呼ばれた。二国あわせて五十五万石の大大名であり、当時まだ大御所の地位にあった秀忠が忠長に厚く期待を寄せていたことが想像できる。

その期待を受けて、忠長がどんな藩政を行なったか。幼少期に見いだされた英才は伊達でなかったようで、たとえば、駿府の城下町のあちこちに点在していた寺社地を郊外へまとめて移動させる計画をした。目的は城下町の再開発と考えられている。加えて、家光の上洛に合わせて、東海道を大きく遮《さえぎ》る大井川に船橋を架けて交通の便をよくしようともした。このような改革がうまく進めば、忠長はのちの八代将軍・吉宗《よしむね》のように名君として称えられることもあったかもしれない。

一方で忠長には奇行が目立ったともいう。熊本藩主の細川忠興《ほそかわただおき》が書状に記したところによると、忠長は駿府で家臣を次々と手討ちにしたらしい。家光は三度使者を送り、また自らも二度意見して弟の蛮行を諫《いさ》めたが、忠長はその場で色よい返事をしても行動を改めず、ついには町で辻斬り行為に走る始末だった。

家光は父に心労をかけまいと忠長の振る舞いを伏せていたが、いよいよ相談する。話を聞いた秀忠は忠長を見捨てたが、家光は幕政の重鎮を駿府に遣《つか》わせて、どうにか忠長を翻意させようとした。ところが、その優しさがかえってあだとなり、忠長の憤懣《ふんまん》を煽《あお》り、鎧《よろい》甲冑《かっちゅう》を身につけては側近たちを成敗すると息巻くほどになった。とうとう、彼の近くにいるのは童《わらべ》一人になったという。

このような振る舞いに理由をつけようとしたのか、忠長には「神の祟《たた》りで気が違ったのだ」という話が伝わっている。田畑を荒らす猿が「駿府浅間《せんげん》神社の神獣」であるということで誰も手を出せなかったのだが、忠長は自ら山狩りをしてこれを退治する。ところが、その帰り道、突然、駕籠《かご》舁《か》きを殺してしまう。狂気的行為は「気が違ったのだ、神の祟りだ」というわけである。

忠長の振る舞いの背景にあったのは、神の祟りか、兄への嫉妬《しっと》か、自分を見捨てた父への怒りなのか。それはわからない。伝わっている話は少々家光に都合がよすぎるので、誇張があるような気がしなくもない。明確なのは、秀忠もお江与も溺愛した息子を庇《かば》いきれなくなったことだ。薩摩藩江戸家老は、国元に送った手紙の中で「秀忠は忠長との親子の縁を切った」と記している。

家光は忠長を改易し、まず甲斐に蟄居《ちっきょ》という処分を下した。この地で忠長は金地院崇伝《こんちいんすうでん》や天海大僧正《てんかいだいそうじょう》といった幕府のブレーンを務める人々へ盛んに書状を送り、反省、後悔、そして秀忠への取りなしを願っている。しかし、それはかなわぬまま、秀忠はこの世を去り、忠長は上野高崎へ移された。そして、この地で家光の命により腹を切って生涯を終えることになる。享年二十八であった。

最後にちょっと面白い話を紹介しよう。

忠長が船橋を架けた大井川には、以後、橋が架けられることはなく、移動する人々は人《にん》足《そく》を雇って渡っていた。これは幕府の方針として、橋を架けてしまうと敵がやすやすと川を越えて江戸防衛に危険だからというのが通説であった。幕末にふたたび、幕府が川に橋を架けようと提案したが、両側の宿場に拒否されている。実のところ、真の原因は流れの速い川に常に橋を架けることは困難だったのでは、と考えられる。

そして、宿場が幕府の提案を断る時の名目として使われたのが、忠長であった。「駿河大納言様が川に橋を架けて処罰されたので、我々にはできません」というわけだ。これを言われては幕府としても、どうにもならぬ。幕末期には、忠長はある種の故事になっていたのである。

このような事情もあり、忠長が改易された理由が「大井川に橋を架けたから」だとは、とうてい思えない。もちろん、伝説化された話であって、真偽などどうでもいいのだろう。

# 第五章

# 【江戸幕府篇】徳川将軍の正体 其ノ二

## 〈二〉江戸幕府六代将軍・徳川家宣（一六六二〜一七一二）

### 将軍の隠し子

初代、二代、三代と順調に親から子へバトンを受け継いだ江戸幕府・徳川将軍であったが、四代将軍・家綱《いえつな》は子を残さなかった。そこで弟の綱吉《つなよし》が継いだわけだが、綱吉もまた子が夭折《ようせつ》したせいで直系の後継者を持たなかった。しかし、まだ将軍家の血が絶えたわけではない。甲斐《かい》甲府藩主で、官職から「甲府宰相《さいしょう》」と呼ばれた綱吉の兄・徳川綱重《つなしげ》はすでに亡くなっていたが、その子の綱豊《つなとよ》がいた。綱吉生前の宝永《ほうえい》元年（一七〇四）に綱豊は養子として迎え入れられ、綱吉の死とともに六代将軍となったのである。この時、名を家宣《いえのぶ》と改めた。

ところで、この家宣、一風変わった幼少期を過ごしている。徳川一族に生まれたのに、甲府藩士の新見《しんみ》正信《まさのぶ》に預けられ、彼の子の「新見左近」として育てられたのだ。どうして、そんなことになったのかというと、「綱重が正式な結婚（正室との結婚）の約束をしていたの

## 徳川将軍家系図

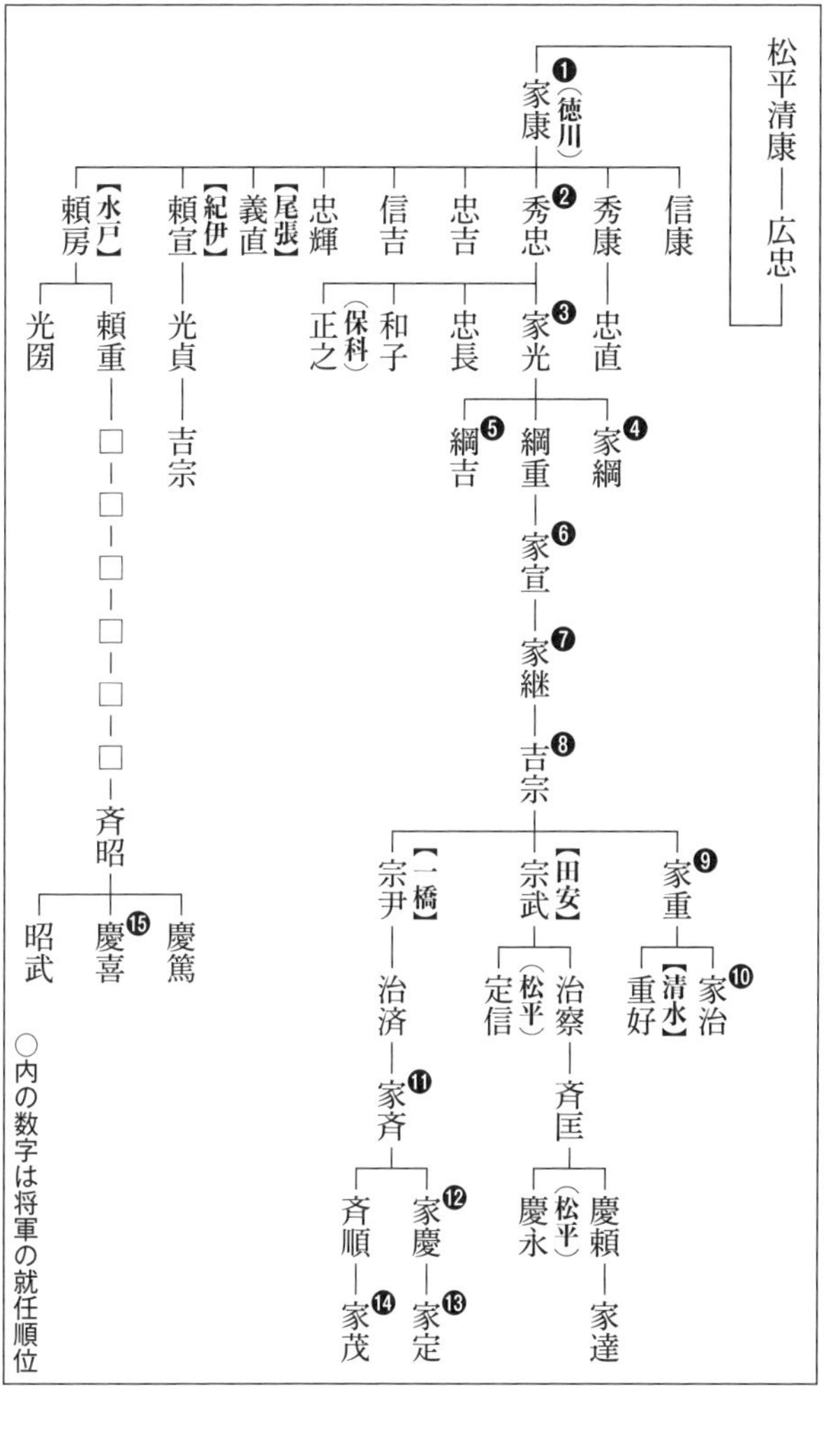

松平清康
広忠
❶家康（徳川）
信康
秀康
❷秀忠
忠吉
信吉
忠輝
【尾張】義直
【紀伊】頼宣
【水戸】頼房
忠直
❸家光
忠長
和子
（保科）正之
光貞
吉宗
頼重
□
□
□
□
□
□
斉昭
光圀
❹家綱
綱重
❺綱吉
❻家宣
❼家継
❽吉宗
❾家重
【田安】宗武
【一橋】宗尹
❿家治
【清水】重好
治察
（松平）定信
治済
斉匡
⓫家斉
慶頼
（松平）慶永
⓬家慶
斉順
家達
⓭家定
⓮家茂
慶篤
⓯慶喜
昭武
○内の数字は将軍の就任順位

に、別の女性との間に生まれてしまった子どもだから」であった（『善性寺雑記』によると、家宣の母は、その後、越智《おち》清重《きよしげ》という甲府藩士と結婚して家宣の弟をもうけていてる。この子はのちに越智清武《きよたけ》として大名になった）。

なお、この時のエピソードとして、新見が証人を求めた、という話がある。のちのち、揉めごとの種になりかねず、誰かに実子であることを認めてもらおうと考えたわけだ。そこで選んだのが、家綱の項でも紹介した「下馬将軍」こと酒井忠清であったのは、酒井の権力の強さであり、また新見の目の正しさの証明であろう。

もし、綱重と正室の間に男子が生まれて無事成長したなら、家宣はそのまま新見左近として一生を過ごしたかもしれない。しかし、そうはならなかった。寛文《かんぶん》十年（一六七〇）子のいない綱重が彼を認知し、跡継ぎとして迎え入れたのだ。『徳川実紀』はこの時に「新見に嫉妬《しっと》した甲府藩士が、老中に虚偽（綱重の実子は亡くなっていて、しかも綱重はもう正気を失っている）を吹き込んで陥れようとしたが、老中に見破られた」なる事件が起きたと記している。少々うさんくさい話だが、混乱が起きても仕方のない出来事ではあった。

その後、延宝《えんぽう》六年（一六七八）、家宣は父の死を受けて甲府藩主となった。のちに幕政でも活躍する儒学者・新井《あらい》白石《はくせき》を召し抱え、藩政に取り組んだ。そんな中、新たな将軍としての指名を受けたわけだ。

## 重用された側用人

家宣の治世は子の家継《いえつぐ》の治世とセットで、「正徳《しょうとく》の治《ち》」と呼ばれる。側用人・間部詮房《まなべあきふさ》、あるいは新井白石といった政権のメーンスタッフ（家宣が甲府藩から連れてきた家臣たちであり、彼らと従来の幕臣たちとの対立も問題であった）が共通であり、政治方針も継承しているからだ。その政権で標榜《ひょうぼう》されたのは「仁政」であった。

それはどんな政治であったか。彼は真っ先に生類憐《しょうるいあわ》れみの令を廃止し、また綱吉時代に活躍した柳沢吉保《やなぎさわよしやす》を幕政から追ったため、綱吉政治を否定したような印象が強い。しかし、実際には家宣もまた儒教を重視して政治を行なっており、服忌令《ぶっきりょう》のように継承した政策も多かった。一概に綱吉時代の否定とは言えないのである。

綱吉時代からの懸案として残っていたものに、物価と財政の問題がある。元禄《げんろく》時代は大変に華やかな時期であり、また信仰心の強かった綱吉はたびたび壮大な寺社造営を行なったこともあって、幕府財政は苦しかった。江戸幕府初期の重要な収入源だった金銀山の採掘量もこの頃には減っていたのもいけない。そこで金の割合が少ない元禄小判を発行して幕府の収入を大いに上げたのだが、そのせいで物価が上がって庶民の生活が苦しくなった。

仁政を志向する家宣政権としては、これを放置はできない。そこで金の割合を元に戻し重さを半分にした乾字金《けんじきん》を発行するなど対策を打ったが、効果はさほどなかった。また、この時期の財政政策を担当したのは綱吉時代と同じ勘定奉行・荻原重秀《おぎわらしげひで》で、この人物は大いに私腹を肥やしたとされる。

ほかに、朝鮮からの外交の使者である通信使への対応も特筆すべきものである。新井白石は使者の待遇をより簡単にしただけでなく、国書における「大君」という将軍への呼び名を「国王」へ変えさせた。ここには将軍の権威を高め、また使節への対応が人々の負担になっていたものを改善しようという意思があり、儒教精神に基づく政策を感じさせる。

これらの政策は特に新井白石が中心にあって推し進めたとされるが、家宣自身もまた無類の学問好きであり、政治に積極的にかかわったものと考えられるが、一方で猿楽に熱中しすぎて嗜《たしな》められるようなこともあったようだ。

ところが、そんな家宣の治世はわずか四年で終わってしまう。将軍就任時、すでに四十の半ばを越えており、正徳二年（一七一二）に五十一歳で亡くなってしまった。正徳の治は新井ら残された側近たちによって継承されることになる。

## 〈二〉江戸幕府七代将軍・徳川家継（一七〇九〜一七一六）

### 幼なすぎた将軍

家宣はあっけなくこの世を去ったが、幸運なことに彼には跡継ぎになる男子がいた。幼名を鍋松、将軍としての名は徳川家継《いえつぐ》である。

家宣の子供は六人いたというが、ほとんど早死にした。宝永六年（一七〇九）に鍋松が生まれるや、その兄で二歳の大五郎のどちらが後継として将軍になるか、それぞれの母（家継の側室）に幕府の重臣まで絡《から》んで揉めかけたが、大五郎が翌年には亡くなってしまったので大きな騒ぎにはならなかったようだ。後継者争いなどないに越したことはないが、それにしても血が残せないのは、もっとまずい。当時の幕閣や大奥は大いに気を揉んだことだろう。

正徳二年（一七一二）、家宣が病に倒れた時も家継はまだ四歳である。これは危《あや》ういと考えたのか、家宣は信頼する新井白石を病床に呼び、「跡継ぎは御三家・尾張藩の徳川吉道《よしみち》にするか。あるいは将軍は鍋松（家継）にして、政務は吉道に任せるか」と案を出したとされる。

まもなく家宣は亡くなったが、新井白石や間部詮房ら家宣側近たちは亡君の吉道案を受け入れず、家継を新たな将軍とした。自分たちの「正徳の治」を進めるためには、すでに大藩の主人である吉道よりも、幼い家継の方がやりやすいと考えたのだろう。

実際、先述の通り、家継期の政治は家宣時代を継承したものである。まず、物価対策のための貨幣政策だ。荻原重秀を辞めさせると、金の割合だけでなく量も復活させた正徳小判を出し、貨幣の価値が下がりすぎるのを止めようとした。また、金銀に関しては長崎貿易が不均衡なものになって大量に海外へ流出しているとみなし、「海舶互市新例《かいはくごししんれい》」によって往来する船と貿易の金額を制限した。

新井や間部としてはそれ以上の改革も行ないたかっただろうが、できなかった。家継が享保《きょうほう》元年（一七一六）に亡くなってしまったからだ。財政問題、また老朽化した幕府官僚制の問題は、次の時代にやってくる新たな将軍に託されることになる。

## 〈三〉江戸幕府八代将軍・徳川吉宗（一六八四〜一七五一）

### 幼き頃より名君だった？

徳川吉宗《よしむね》といえば、江戸時代を代表する名君の一人として名が知られた人物である。江戸時代三代改革の一つ、「享保の改革」を成功させ、幕府中興の祖とされているからだ。エンタメの題材にもしばしばなっており、庶民派でお忍び好きの吉宗が活躍するテレビ時代劇『暴れん坊将軍』シリーズが長く続いたのはもちろん、大河ドラマでも平成七年（一九九五）に『八代将軍吉宗』が放映されている。

徳川将軍の中では異例の生まれと経歴を持つ吉宗は、どのようにして将軍となり、いかなる治世を行なったのか。それを見てみよう。

吉宗は紀伊徳川家二代目・徳川光貞《みつさだ》の四男としてこの世に生まれる。紋子あるいはお由《ゆ》利《り》の方と呼ばれた母は、身分の低い女性（下働きに出ていた農民の娘とも、諸国を巡礼していた女性とも）であった。しかし、五歳まで家臣のもとで育てられたりしつつも、きちんと藩主の息子として遇されていたようだ。実際、元禄十年（一六九七）には越前《えちぜん》国丹生《にゅう》郡に三万石を与えられている（領地には赴任していない）。

しかし、それでは面白くない、あるいはのちの出世と活躍に辻褄《つじつま》が合わないということなのか、幼い頃の吉宗について、さまざまなエピソードが語られている。

たとえば、「時の将軍である綱吉が紀州藩邸を訪れた際、ほかの兄弟たちは父とともに綱吉と謁見したが、吉宗は別室に留め置かれた。この時、老中の計らいで謁見がかない、兄とともに領地が与えられた。数十年後、将軍になった吉宗は老中の子に感謝を伝えた」という話がある（『徳川実紀』）。

ほかにも、「父が兄弟たちを集めると、箱の中に鍔《つば》が入っているから好きな物を言えば与える、と言った。すると、吉宗だけ何も言わず、父に尋ねられると、順番は最後でいいので残った物を箱ごとほしいと申し出た。父がそのようにすると、吉宗は家臣たちに鍔を分け与えた」（『徳川実紀』）、また「殺生をしてはいけない場所で漁をしていたところ、のちに側近として重用する大岡忠相《おおおかただすけ》に咎《とが》められた。藩主の子であると身分を明かしても、忠相は騙《かた》りであるとして吉宗を捕らえ、説教した。以後、吉宗の素行がよくなった」（『古今実際天一坊実記』）などというエピソードもあった。

これらは実際にあった話というより、吉宗や忠相を褒《ほ》め称えるための物語という色合いが濃いのではないかと思われる。

## 紀伊藩主から将軍への大出世

さて、徳川一族とはいえ、嫡男ならぬ藩主の子にすぎぬ吉宗が、これほどまでに褒め称えられる物語がつくられたのか。それは当然ながら、彼が「紀州藩の部屋住み」の身では終わらなかったからだ。

きっかけは宝永二年（一七〇五）、紀伊徳川家三代藩主・綱教《つなのり》（長兄）と四代藩主・頼職《よりもと》（三兄）が相次いで亡くなったことだ。次兄は早世しているから、四男である吉宗にお鉢《はち》が回ってきて、五代藩主となる（綱吉の一字をもらって吉宗と改名したのはこの時）。ここからの十二年、吉宗は紀伊藩の綱紀《こうき》粛正《しゅくせい》・財政改革に奔走し、実績をあげた。

そこで起きたのが、七代将軍・家継の夭折《ようせつ》であった。もはや将軍家に男子がいなくなってしまったので、幕府としては次代の将軍を急ぎ選定せねばならない。候補になるのは、初代将軍・徳川家康の子供たちが独立した大名となっていた尾張・紀伊・水戸《みと》の「御三家」である。将軍家の血が絶えたなら、これら三家から招くことになっていたからだ。

この時、尾張には継友《つぐとも》、水戸には綱条《つなえだ》がいて、家格でいえば御三家筆頭の継友が有力候補かと思われたが、幕府が選んだのは吉宗だった。紀伊藩主としての実績に加え、天英院《てんえいいん》（家宣正室）および月光院《げっこういん》（家継生母）ら大奥の支持が厚かったことが大きかったようだ。

## 斬新な幕政改革

こうして享保元年（一七一六）より、吉宗による改革が始まる。

吉宗は側用人が活躍した家宣・家継時代と違って、門閥《もんばつ》譜代出身の老中・若年寄を重用するかたわら、自分の側近を御側御用取次《おそばごようとりつぎ》という側用人に類似した役職に付けることでバランスをとって政治を進めた。

武芸を奨励して綱吉時代に廃止されていた鷹狩を復活させ、また自ら絹でなく木綿を身につけ、食事も贅沢《ぜいたく》なものを避けるなどして世間にも倹約を強く求めた。さらに老朽化しつつあった幕府制度の改革にも熱心であり、足高《たしだか》の制（家禄が役職にふさわしくない場合、定められた石高との差額を支給することで、無理に家禄を上げなくとも人材登用ができるようになった）や公事方御定書《くじかたおさだめがき》（裁判を行ない、罰を与えるための基準として判例をまとめたもの）の制定、目安箱《めやすばこ》（庶民の要望を受け付けるもの）の設置、江戸の町を脅《おびや》かす火事への対策として町火消《まちびけし》の編成などを実行している。

さらに、吉宗本人が学問、中でも実学に興味を持っていたこともあり、キリスト教禁止の都合から輸入が許されていなかった中国語訳の洋書について、キリスト教以外のものであれば輸入を許可したり、朝鮮人参など価値のある作物を栽培させたり、救荒作物としての甘蔗《かんしよ》（サツマイモ）の研究を命じた。象を輸入して江戸へ連れて来させたのも、吉宗のこのような前例にとらわれない態度の延長線上にあると考えていいだろう。

そして、なんといっても享保の改革の特徴は経済政策である。当時の幕府財政は重大な危機にあり、吉宗はなんとしてもこれを解決せねばならなかった。倹約は支出を絞るための手段だが、収入を増やさなければ問題は解決しない。そこで一時的ながら上米《あげまい》の制によって参勤交代の短縮の代わりに諸大名から一定の米を供出させただけでなく、年貢を従来の検見法《けみほう》（収穫量に基づいて年貢率を変える）から定免法《じょうめんほう》（凶作を除いてある程度の時期年貢率を変えない）へ変更した。

結果、幕府収入は安定したが、庶民の生活は厳しくなり、また享保の飢饉《ききん》などもあったので、年貢を下げるよう庶民が集団行動（一揆）を起こしたり、人々が米問屋などを襲う打ちこわしも発生した。

また、吉宗は物価にも頭を悩ませた。当時、米価は下がり続けたが、物価はこれと連動せず上がったので、米を基軸とする幕府・諸藩・武家は大いに困った。そこで吉宗は米価上昇のために苦心したが、なかなかうまくいかなかったようだ。この苦心が、彼が後世に「米将軍」と呼ばれた由縁である。

## 名君の野心

年貢の件および米価操作失敗の件からもわかる通り、後世に名君として喧伝《けんでん》された吉宗も、果たしてイメージ通り、真に手放しで名君と呼べるかどうかは怪しい。倹約の強制や実学の奨励は文化的発展の方向性をある程度狭《せば》めてしまったともいえるのではないか。

また、吉宗は実子のうち二人を祖として田安《たやす》・一橋《ひとつばし》家をつくって「御両卿」とした（吉宗死後、孫を祖とする清水《しみず》家がつくられ、「御三卿《ごさんきょう》」になった）。彼らは江戸城内に屋敷を持ち、十万石の賄料《まかないりょう》を与えられていたが、御三家のような独立した大名家とは言い難い存在だった。徳川家の血筋が絶えないようにするための処置であったのだろうが、その創立意図は邪推もできる。

つまり、徳川宗家（将軍家）ではなく御三家の生まれで、しかも母親の経歴からどうしても格が低く見られがちだった吉宗が、以後の徳川家を己の血筋で引き継がせるためにわざわざ創設したのではないか。また、将軍就任にあたってライバルになり、時に改革に批判的な人物（コラムで後述）も出た御三家の存在意義を薄めよう、そのような意図があったのかもしれない。そこに名君と呼ばれた男の野心、支配欲がうかがわれる。そんなふうにも思えるのだが、いかがだろうか。

ちなみに、女性選びは「外見ではなく中身を重視」主義であったと伝わる。紀伊藩主時代に「米俵を両手に下げた女性に惹《ひ》かれ、丈夫な子供を産むだろうと側室にした」（『南紀徳川史』）話。また、「大奥の美女たちをリストアップすると、暇を出した。美女ならほかに行く場所があるからだ」「ある大奥女中を中﨟《ちゅうろう》（側室候補）に選んだところ、親の決めた婚約者《いいなずけ》がいると断られた。吉宗はむしろこれを喜び、褒美《ほうび》を与えて暇を出した」といった話（どちらも『徳川実紀』）が伝わっている。

精力は十分で、御三卿を成立させたことからもわかるように子も多く持ったし、一度は御落胤《ごらくいん》騒ぎさえ起きた。いわゆる「天一坊《てんいちぼう》事件」だ。享保十三年、僧侶・天一坊が「実は吉宗の子だ」と偽《いつわ》り、金品をだまし取って捕まる、という事件が起きている。

さて、吉宗は名君か否《いな》か。これはもう、見る人によって違うと言わざるを得ない。

## 〈四〉江戸幕府九代将軍・徳川家重（一七一一〜一七六一）

### しゃべれない将軍

徳川家重《いえしげ》は吉宗の嫡男である。生まれたのは吉宗がまだ紀伊藩主だった頃のことだ。父が江戸城の主人として迎えられると、彼もまた将来の将軍として目されるようになった。

ところが、家重が九代将軍になったのは、延享《えんきょう》二年（一七四四）であるから、もう三十五歳になっている。しかも、吉宗が亡くなったから跡を継いだわけでもなく、父は健在で寛延《かんえん》四年（一七五一）に亡くなるまで、「大御所」として政治の実権を握った。家重の治世は十五年ほどだが、最初の六年ほどは吉宗時代がそのまま続いていたと言える。

どうしてこうなったのだろうか。

原因は家重にあったと考えられている。実は生まれた時から体が弱く、覇気に欠け、長じても言葉をうまくしゃべることができなかったのである。原因は虚弱さに加えて幼い頃より酒に溺《おぼ》れたせいだとも、脳性麻痺《のうせいまひ》の後遺症であるともいう。

吉宗は家重を酒から遠ざけようと一時幽閉したとまでいわれているのだが、効果はなく、酒、女、そして猿楽などに耽《ふけ》る暮らしを送ったという。このような子に将軍を継がせていいのかと吉宗が悩み、継承に時間がかかったと考えられているわけだ。

結局、家重は将軍になっても同じような生活を続け、嫡男の家治《いえはる》を産んだ側室のお幸《こう》の方はこれをたびたび諫《いさ》めたが、聞き入れられなかった。そのうち、ほかの側室と事に及ぼうとした際にお幸の方が踏み込んで訴える事件が起き、ついに家重はお幸の方を幽閉してしまった。この頃まだ大御所として健在だった吉宗の命で解放されたものの、二人の関係が修復されることはなかったという。ちなみにお幸の方は家重の正室である伏見宮邦永《ふしみのみやくになが》親王の娘・培子《ますこ》女王の御側付《おそばつき》だった。

## それでも「長幼の序」

幸運なことに、側近・大岡忠光《おおおかただみつ》だけは家重の言いたいことがわかったため、彼が側用人として、いわば「通訳係」を務めることで、幕政は享保の改革の方針を継承しつつ大きな差し障《さわ》りなく進んだとされる。そもそも、この頃には江戸幕府の官僚制は完成しており、トップである将軍は御輿《みこし》として担がれていればよいだけの存在になっていたとも言えよう。

その点で優先するべきは能力ではなく「長幼の序」、つまり生まれてきた順番であったわけだ。

　むろん、せっかく担ぐなら神輿は立派な方がよい、というのも人情である。吉宗の次子、家重の異母弟である徳川宗武《むねたけ》（田安家初代）は兄とは大違いで幼い頃から英明と評価されていたため、こちらこそを将軍にするべきだと考えた者たちが少なからずいたらしい。一説には、享保の改革後半に活躍した老中・松平乗邑《まつだいらのりさと》も宗武を支持していて、それゆえに彼は吉宗の引退とともに突如として役職を解かれたのではないか、ともいわれる。

　家重の時代のトピックとしては、年貢の重さに耐えかねた農民たちが吉宗時代よりさらに加熱し、藩全体を巻き込むような大規模なものが起きる。あるいは、のちの尊王《そんのう》（皇）攘夷《じょうい》思想（天皇を尊《たっと》び、外国を追い出そうという思想）にも繋がるような新しい思想の萌芽《ほうが》も見えてきた。とはいえ、そのようなことは家重の頭にはなかったに違いない。

　家重が家治に将軍職を譲ったのは、宝暦《ほうれき》十年（一七六〇）のことだ。亡くなったのは翌年で、もちろん大御所として政治を主導したりはしていない。

## 〈五〉江戸幕府十代将軍・徳川家治（一七三七～一七八六）

### 天下人の器

徳川家重の長子として将軍職についた徳川家治《いえはる》は、父と違って幼少期からその才を期待された人だった。

平戸藩主・松浦静山《まつらせいざん》が隠居後に古今の人物の逸話などを記した随筆『甲子夜話《かつしやわ》』が伝える、有名なエピソードがある。「幼少の家治（竹千代）が龍の字を書いていたところ、大きく書きすぎて最後の点を打つ場所がなくなってしまった。そこで家治は紙の外、畳《たたみ》に点を打った」というものだ。家治の書を見守っていた吉宗は、その稀有壮大《けうそうだい》さに大いに喜んだと伝わっている。

吉宗は息子の家重には期待しなかったが、孫の家治は有望視していた。だから、「将来的に見込みのある家治が継ぐなら」と、話すのが不自由であっても長子の家重を将軍にしたのだ――そんなふうに言われるくらいの家治は英才であった。

ところが、家治は親政を行なわなかった。その代わり、父の治世の後半頃から活躍していた田沼意次《たぬまおきつぐ》（吉宗が紀州から連れてきた元紀州藩士の子）に実権を与え、大いに腕を振るわせた。それゆえ、家治の治世は「田沼時代」と呼ばれる。

## 田沼政治の功罪

この頃、再び幕府財政が危機に襲われていた。年貢が頭打ちになり、米価も下がり続けたからだ。

田沼時代最大の特徴は、当時発展してきた商品経済（さまざまな商品を生産し、流通させて売買する経済）に注目し、これをさらに活発化させつつ、幕府の収入源にしようというものだった。そのため、株仲間（手工業者による同業者組合）を公認する代わりに税を払わせるなどしている。

こうして経済・文化が活発となって華やかな時代を築いたが、その一方で政権と結びついた大商人ばかりが儲かって庶民には不満が溜《た》まっていたのも事実である。利権を得るため、賄賂《わいろ》も横行した。後世に田沼時代の評判が悪いのはこのせいだが、近年、再評価の動きもあるようだ。

また、江戸時代の経済の中心であり、武士が家禄（給料）としてもらう米についても田沼は増産を狙っていた。印旛沼《いんばぬま》の開拓、ロシアとの貿易も見越しての蝦夷地《えぞち》（北海道）の開拓など、商人たちに出資をさせ、各地で大規模な新田開発を行なったのである。しかし、前者は天災で頓挫《とんざ》し、後者は調査が進んだものの形になる前に田沼時代そのものが終わってしまう。

田沼時代の後期は天明《てんめい》の飢饉《ききん》、浅間山《あさまやま》大噴火と天災が相次ぎ、世の人々は政治腐敗が災害をもたらしたのだと噂した。しかも意次の子・意知《おきとも》が江戸城内で旗本に刺し殺される事件まで起きる。

それでも意次は家治の信頼を背景に政治を進めたが、その家治が突如として危篤《きとく》状態になり、何人の面会も許されぬまま亡くなったので、田沼も実権を取り上げられ、幕政から追放されてしまったのである。

## 毒殺をめぐる二つの物語

家治の死については毒殺説がある。それも田沼が推薦した医者の処方した薬を飲むやいなや病状が悪化して死んだので、田沼が毒殺したと噂になったという。だが、田沼に後ろ盾である家治を殺す動機がないため、ちょっと信じられない。

家治には男の実子がいなかったため、一橋家の家斉《いえなり》が後継者として選ばれており、そのまま将軍になった。

しかし、実は跡を継ぐべき実子がいた。名を家基《いえもと》という。家治は正室の倫子と大変に関係が良好であったが、子がなく、側室を二人取った。そのうちの一人、お知保《ちほ》の方が産んだのが家基で、家治の四人の子のうち一人だけ十八歳まで成長し、将来を嘱望《しょくぼう》されていた。そんな家基が安永《あんえい》八年（一七七九）、鷹狩から戻る途中で突如として病を患《わずら》い、まもなく亡くなってしまい、家治は後継者を失ったのである。

この事件についても毒殺疑惑がある。やはり、容疑者は田沼であり、家基が田沼に批判的かつ、反田沼派が家基に期待をかけていたので、己の立場を脅かす次期将軍を排除しようとしたのではないか、というのである。ただ、家基の死後も家治が田沼を重用し続けたことを考えると、なかなか信用し難い。

## 〈六〉江戸幕府十一代将軍・徳川家斉（一七七三〜一八四一）

### 子だくさん将軍

徳川家斉《いえなり》は御三卿の一橋家の治済《はるさだ》長男の豊千代《とよちよ》として生まれた。そんな家斉が将軍になったのは前述の通り、先代将軍・徳川家治に後継者がいなかったからであり、その地位をめぐって御三卿の間で政争が行なわれた結果であるとされる。

将軍としての家斉の特徴には、男女合わせて五十五人という凄《すさ》まじい数の子をもうけたことである（このうち過半数は成人前に亡くなってしまっている）。

女子は嫁に出すことになるが、男子はどうするか。その子たちを、たとえば初代の徳川家康が御三家を、あるいは八代目の徳川吉宗が御三卿をつくったように新家を設けて遇することはとてもできない。

そこで家斉は生まれた子たちを諸大名家へ次々と養子に出した。御三家・御三卿といった徳川・松平一族はもちろん、鳥取藩池田家や加賀藩前田家のような大大名家もターゲットになった。家斉（一橋）の血が日本中の武家を席巻《せっけん》する時代がやってきたのである。結果として家斉の影響力は大いに強まったが、将軍家子女の婿入り・嫁入りは出費を必要とするものであり、送る方にも受け入れる方にも大きな財政負担になった。

## 改革頓挫の理由

家斉の治世は大きく三つに分けられる。一つ目は寛政《かんせい》の改革の時代、二つ目は寛政の遺老の時代、そして最後は大御所時代である。

寛政の改革を主導したのは老中・松平定信《まつだいらさだのぶ》だ。御三卿の田安徳川家に生まれた定信は、白河《しらかわ》藩松平家に養子として送られ、ここで天明《てんめい》の飢饉《ききん》を乗り越えたことで名君として評価されていた。

定信の政策は全方面的な引き締めを行なうものであった。厳しい倹約および田沼時代に乱れた風紀の取り締まり、武芸や学問（ただし、儒学の一種である朱子学以外は冷遇）の奨励、行き場のない無宿人の職業訓練や飢饉に備えた備蓄などを推し進めた。しかし、財政問題はある程度の解決を見たものの、上がりすぎた物価の引き下げ、また都市から荒廃した農村に人を戻すための「旧里帰農令」などはうまくいかず、そもそも強引な改革が多方面から非難を受けたのも事実である。

さらに、家斉と定信は「尊号一件」事件で対立してしまう。これは時の光格《こうかく》天皇が、天皇についたことのない実父に先代天皇を示す太政《だじょう》天皇の称号を与えたいと幕府に承認を求めてきたところ、前例がないと定信が突っぱねた事件である。ここに「将軍になったことがない実父・治済に大御所の称号を与えたい」と家斉が絡んでくる始末で、事態は厄介《やっかい》なことになった。定信は最終的に両者の要望を押し返したが、家斉との関係は悪くなったまま、寛政五年（一七九三）に辞任へ追い込まれることになる。

## 大御所時代の弊害

その後、文化年間は定信の改革を支えた寛政の遺老と呼ばれる人々が、政権の主導権を握ったので、ほぼ寛政の改革を踏襲した政治が行なわれた。

しかし、文政《ぶんせい》年間になって家斉側近の水野忠成《みずのただあきら》が政治の主導権を握ると、また政治方針が変わる。緊縮傾向が緩み、家斉は贅沢《ぜいたく》な暮らしを送るようになったのである。後述する海防問題の負担も大きかった。

この財政問題を幕府は貨幣の改鋳《かいちゅう》（品質の低下）によって得た利益で解決したが、物価はいよいよ値上がって庶民の暮らしを苦しめた。賄賂も横行し、かつての田沼時代を彷彿《ほうふつ》とさせる状況になった。その一方で商品経済を活発化させる方向にも働き、のちに「化政文化」と呼ばれる庶民文化の盛り上がりへ繋がったのも、また事実である。

なお、家斉時代後半から息子の徳川家慶《いえよし》に代替わりしつつも家斉が大御所として君臨した時期を一般に大御所時代と呼ぶ。この時期には家斉の側室・お美代《みよ》の方とその実父・日啓《にっけい》が大きな力を持つようになるが、その顚末《てんまつ》は次項で取り上げる。

家斉の治世においては、のちの幕末期において江戸幕府の致命傷になった諸問題の萌芽が見られ、あるいは加速していたことも見逃せない。

この頃より欧米列強の船が姿を見せるようになり、たびたび交渉がもたれ、あるいは衝突が発生した。北方から訪れるロシアを警戒して、幕府は一時、蝦夷地を松前藩から取り上げて直轄にするなどの対策を取ったが、負担が重く、またロシアの動きが鈍《にぶ》ったために返還。ところが、今度はイギリス船の接近が相次ぎ、ついに幕府は文政《ぶんせい》八年(一八二五)に異国船打払《いこくせんうちはらい》令《れい》を発した。この命令はのちに撤回されるが、諸外国への対応に幕府は苦悩し続けることになる。

社会矛盾の煽《あお》りを受けて苦しむ庶民による一揆や打ちこわしも打ち続き、天保《てんぽう》八年(一八三七）には大坂で元町奉行所与力の大塩平八郎《おおしおへいはちろう》の乱が起きた。庶民ではなく武士、それも幕府の役人だった人物が世直しを求めて反乱に踏み切ったことは象徴的な出来事と言える。

コラム

# 徳川将軍になり損ねた殿様連中 弐

## 徳川宗春（一六九六〜一七六四）——暴れん坊のライバル！

徳川吉宗のライバルとしてよく知られるのが、七代尾張藩主・徳川宗春《むねはる》である。三代藩主の綱誠《つななり》の二十番目の子として生まれた。藩主の兄（四代）や兄の子（五代）が急死し、六代を継いだ下の兄の継友《つぐとも》も病死したため、尾張藩徳川家の家督を継承することになった。その点で、吉宗の人生と似ていると言えるかもしれない。

吉宗と似ているのは経歴だけではない。尾張藩主となった宗春は吉宗と同じように改革に取りかかった。しかし、中身が違う。清貧と節約を旨《むね》とした吉宗に対して、宗春は実に派手好みの男であり、性格通りの政治を行なったのである。商業・工業を奨励し、あるいは芸能——それまで名古屋になかった遊郭を三カ所も開き、さらに芝居小屋も設置するという具合で、とにかく経済を活発化させるという政策を実行したのだ。

それだけではない。吉宗は基本法『公事《くじ》方御定《かたおさだめ》書《がき》』を制定して法治を進めたが、宗春は死罪の犯罪者を牢には入れるが、刑は実行しない。ある意味で現代の刑法のような態度を取った。ここに鷹揚《おうよう》かつ寛大な宗春の人間性を見ることもできよう。

一事が万事この調子であったから、宗春は庶民に人気があったたし、名古屋の町も大いに栄えた。その代わりに尾張藩の財政は大いに悪化した。また、時の将軍が進める改革に真っ向から反対する政治を、よりにもよって御三家筆頭の尾張徳川家がやっている意味は大きかった。はっきりいえば、幕府に睨《にら》まれたのである。そもそも宗春自身が、かなり堂々と享保の改革を批判していたらしいから、これはどうしようもない。

江戸時代の幕藩体制において幕府は基本的に諸藩の政治へ口を出さないが、「尾張藩にそんなことをされては示しがつかない」ということになったろう。尾張藩家中にも、宗春の政策に不満を持つ者は多かった。

そこで吉宗は、まず享保十七年（一七三二）に「江戸での物見遊山」「嫡子の節句を領民に見物させる」「倹約令の無視」の三点の行為を叱《しか》る手紙を送った。しかし、宗春は「そもそも御三家とは将軍家と尾張と紀伊のことであり、つまり我々は徳川一族として同格である」と主張し、叱責《しっせき》についても真っ向から反論した。

その結果、藩主となってわずか九年で宗春は引退、蟄居《ちっきょ》へと追い込まれてしまう。『徳川実紀』はその理由を宗春自身の不品行に求めるが、そんなわけがない。外には吉宗、内には家臣団という敵を抱えた宗春が、ついに自分の地位を守りきれなくなった、ということである。

ライバルであった吉宗より後に亡くなったが、その墓は長く金網で覆われた。これが取り払われたのは、天保十年（一八三九）、幕府によって罪が許された時のことだ。

吉宗が名君として人々に愛されて伝説化し、エンタメの題材になると、宗春はそのライバルキャラクターの地位を与えられる。『暴れん坊将軍』シリーズでもたびたび陰謀の黒幕として登場している。かたや、名古屋では長く名君として愛された。

特に近年は「積極財政によって経済を活発化させようとした先進的な政治家」として語られ、名古屋では町おこしに彼の名前を使おうという動きも数々見られる。名古屋城近辺のグルメ施設「金シャチ横丁」の二つのゾーンが、初代藩主の名を冠した「義直ゾーン」と「宗春ゾーン」になっているのは、その代表格であろう。

# 第六章

# 【江戸幕府篇】徳川将軍の正体 其ノ三

## 〈二〉江戸幕府十二代将軍・徳川家慶（一七九三〜一八五三）

### 「そうせい」様の陰口

徳川家斉《いえなり》の次男だった徳川家慶《いえよし》は、天保《てんぽう》八年（一八三七）、四十五歳で将軍になった。しかし、就任後も江戸城西の丸に居座った父の家斉が亡くなるまで実権がなかったのは、すでに紹介した通り。だから、家慶の治世における初期は家斉時代（大御所時代）というべきで、特にこの時期の政治を「西丸御政事」と呼ぶ。

状況が劇的に変わるのは家斉の死後だ。家斉の側近を全員幕政から追い出し、主導権を将軍のもとへ取り戻したのである。

その一連で起きたのが、「智泉院《ちせんいん》事件」だ。家斉の寵愛《ちょうあい》を受けた側室・お美代《みよ》の方や、彼女の実父で下総中山《しもうさなかやま》の智泉院住職・日啓《にっけい》、またお美代の方を養女にして大奥に送り込んだ旗本・中野《なかの》碩翁《せきおう》といった人々が大きな力を持っていたところ、家斉派が失脚した際に彼らもまた排除され、与えられた特権を没収されたのである。大御所時代の政治がいかに腐敗していたかを示す出来事と言えよう。

ただ、このような政変も家慶が主導でやったわけではない。活躍したのは老中首座・水野忠邦《みずのただくに》である。家慶は彼の活動に承認を与える立場だった。「そうせい（そのようにしろ）様」と陰口をたたかれた由縁である。

## 失敗する天保の改革

では、その水野忠邦の政治はどんなものであったのだろうか。それが江戸時代三大改革の一つ、天保の改革である。

家慶と水野が手本にしたのは、吉宗《よしむね》時代の享保《きょうほう》の改革と松平定信《まつだいらさだのぶ》の寛政《かんせい》の改革であった。たとえば、幕府どころか庶民にさえも倹約を求め、歌舞伎のような華美な風俗も禁止した。物価を下げようと株仲間を解散する（仲間内で価格を吊り上げていると考え、解散を命じたが、実際には下がらなかった）。農村の人口が引き続き江戸へ流れ込んでいたので、人返しの法で強引に返した、という具合である。

ちなみに、水野の徹底的な倹約政策は将軍さえも縛《しば》った。家慶は芽生姜《めしょうが》が好物で、煮魚や焼き魚には必ず添えさせていたのに贅沢品《ぜいたくひん》として禁止され、食卓に上がらなくなった。

さすがにこうなると家慶も「そうせい」とは言えず、「まさかこんなものまで」と嘆息する始末。この話が回り回って水野の耳にも届き、芽生姜は贅沢品のリストから外《はず》れた。そんなエピソードさえある。

当時の幕府が抱えていた問題が、そのような社会問題だけでないのは、ここまで見てきた通りだ。接近してくる諸外国への対策もせねばならない。そこで異国船打払令を撤回し、防衛のための軍備を進め、さらに上知令《あげちれい》（防衛・経済の重要拠点である江戸や大坂周辺の土地を幕府直轄地にする）を発して幕府の力を強めようとした。

これらの改革はあまりにも強引すぎて全方面からの反発を買い、上知令は撤回、水野はついに失脚してしまったのである。

しかし、日本国内のゴタゴタとは無関係に諸外国は動いている。アメリカ艦隊を率いたペリー提督が相模《さがみ》の浦賀《うらが》にやって来た直後、家慶は病死してしまう。原因は暑気あたり（夏バテ）で体調を崩したとされる。

なお、家慶は父と同じく数多くの側室を抱え、子も二十九人もうけた。ところが、家慶の子たちはその多くが成人できず、彼の跡を継いだ家定《いえさだ》も体が弱かったため、幕末の混乱という大火にさらなる油を注ぐことになる。

## 〈一二〉江戸幕府十三代将軍・徳川家定（一八二四〜一八五八）

### 幼児のごとき将軍

徳川家定《いえさだ》は十二代将軍・家慶の子である。初名は家祥《いえさち》、将軍就任時に家定と改名。家慶は父（家斉）には及ばないまでも大変な子だくさんであったが、二十九人もの子を残したにもかかわらず多くが病弱で、家定以外は成人することができなかった。

その家定も幼少期に疱瘡《ほうそう》（天然痘《てんねんとう》）を患《わずら》ったほか、多くの病を抱えた。病が影響したのか、癇症《かんしょう》（癇癪《かんしゃく》持ち）である一方で、嘉永《かえい》六年（一八五三）十一月に三十歳を数えて征夷大将軍に就任する頃になっても幼児のような振る舞いが目立ち、「鳥を追いかけ回した」「鉄砲ごっこに興じた」という話が伝わっている。

彼が平和な時代の将軍であったならば、このような振る舞いもちょっと眉《まゆ》をひそめられるくらいですんだであろう。巨大官僚機構である江戸幕府は、将軍が有能であるか無能であるかに関係なく国家を統治できる。そのことは本書で何度も繰り返して見てきた通りだ。

また、家定は（有能とまでは言えないかもしれないが）伝統的な将軍としての役目はきちんと果たせる人物だったのに、時の老中だった阿部正弘《あべまさひろ》が政治から遠ざけていたのだ、という見方もある。これは井伊直弼《いいなおすけ》が家臣に話したことが書状として残っており、側近たちの証言が根拠になっている。

しかしながら、家定自身を含め多くの人にとって悲劇的なことに、時代はいよいよ風雲急を告げようとしていたのである。

## 内憂外患の時代

家定が将軍になる直前あたりから、時代はいよいよ「幕末」と呼ばれる時期へ入ってくる。この時期はまさに幕府と徳川将軍にとって内憂外患《ないゆうがいかん》の受難の時代であった。

内に向かっては、社会構造の変化を受けて武士たちが困窮《こんきゅう》し、また固定化された身分制度の中で下級武士たちの不満が高まってもいた。幕末期に活躍した「志士」と呼ばれる活動家たちの多くがそのような下級武士層から出ている。

かたや、外に向かっては、ここまでも見てきたように西洋列強諸国による外圧が高まっていた。たびたびやって来る外国船に対して、これまでと同じような、いわゆる「鎖国《さこく》」

を続けるのか。それとも開国し大々的な貿易を行なうのか。幕府は重要な判断を迫られていたのである。

特に家定が将軍に就任したのに先立つ嘉永六年六月には、アメリカからペリー提督率いる艦隊が浦賀湾にやって来ていた。ペリーは最新式の蒸気船を見せつけて、幕府を威圧したのである。実はこの来航自体はオランダ経由で前もって知らされていたが、阿部正弘ほか幕府首脳は、さしたる準備もできぬままペリーを迎えた。

結果、「外交交渉は長崎でのみ行なう」「国書は特定の国からしか受け取らない」という慣習を自ら破ることになり、さらに翌年の再来航を宣言するペリーと改めて外交交渉を行なうことになったのである。

そのような危機的状況の中で家慶が亡くなり、代わって立った家定は「幼児のようだ」と称される存在だったわけだ。いくら神輿《みこし》、傀儡《かいらい》としての将軍であっても、江戸幕府の、ひいては日本国の先行きが不安になった者も少なからずいたのではないか。

阿部正弘はこれまでの慣習を破って諸藩や幕臣たちから対外問題への意見を求め、また朝廷にも報告を行なった。これは朝廷の権威や雄藩の力を結集して国難に立ち向かうための方針転換だったが、その一方でこれまで幕府が独占してきた外交問題に他勢力が介入するきっかけにもなり、幕末の混乱を招いていく。

実は阿部にこの決断をさせたのは、西洋列強諸国の脅威以上に、幼児のごとく頼りない将軍の存在だったのかもしれない。家定を旗印として団結することを諦め、代わりに朝廷の権威にすがった——そう考えるのは、うがちすぎな見方だろうか。

結局、家定の治世下でアメリカとの間に日米和親条約が結ばれた。さらに日米修好通商条約締結に向けて交渉が行なわれる中で、アメリカ駐日総領事のハリスが家定に謁見《えつけん》した。ハリスは、その時の様子を日記に残している。

曰《いわ》く、謁見時の会話内容はすべて台本があって、家定はその通りにしゃべっていた。また、ハリスに挨拶された家定は「頭を後方に大きくそらし、右足を踏み鳴らす」動きを幾度かする奇行を見せたという（ただしこの振る舞いについて、少なくとも諸外国人は奇行ではなく儀式の一環と受け取った、という見方もあることを注記しておきたい）。

家定にはほかにも問題があった。子供がいなかったのである。優《すぐ》れた側近や官僚機構のある国の君主は、己が有能である必要は必ずしもないが、子を残すことができなければ後継者が定まらず、国を乱す可能性が高い。家定は何重もの意味で、問題のある将軍だったと言える。公家から二度にわたって正室を迎えたもののどちらとも死別、三人目として島津家から篤姫《あつひめ》（のちの天璋院《てんしょういん》）を迎えたが、この三人に側室を加えた誰との間にも子をなすことができないまま、家定は病に倒れた。家定が亡くなるまでの短い間に、幕府内部は雄藩をも巻き込んだ激しい対立の舞台になる——。

## 〈三〉江戸幕府十四代将軍・徳川家茂（一八四六〜一八六六）

### 就任の決め手は血筋と前将軍

徳川家茂《いえもち》は御三家の一つ紀伊和歌山藩に生まれ、当主の地位を継いだが、先代将軍の家定の死を受けて将軍家に迎えられ、将軍となった。しかし、彼の将軍就任に先立って幕府を揺るがす大騒動があった。いわゆる「安政の将軍継嗣《けいし》問題」である。

家定が子のないまま命が危ぶまれる状況になった時、後継者候補は二人いた。

一人は当時「徳川慶福《よしとみ》」と呼ばれていた家茂だ。弱冠十三歳の少年であった彼のアピールポイントは血筋だ。父の斉順《なりゆき》は十一代・家斉の子であり、十二代・家慶から見れば異母弟にあたる。十三代・家定と家茂の関係は従兄弟《いとこ》である。徳川将軍家から最も血筋が近く、それゆえに将軍となるのに最もふさわしい、というわけだ。

彼を支持したのは「南紀派《なんきは》」と呼ばれる人々だ。紀伊国を「南海道紀伊国」略して南紀と呼んだことから来ている。門閥《もんばつ》譜代や幕府要職を務めていた人々、そして大奥など、比較的に保守的で伝統を守ろうとする立場の人々が多かったようだ。

もう一人は徳川慶喜《よしのぶ》である。御三家の一つ水戸《みと》徳川家に生まれ、御三卿の一橋《ひとつばし》徳川家に養子で入っている。若くして英明の評判高く、血筋でいえば徳川将軍家からは少々遠いけれども、危機の時代に幕府を率いるのにふさわしい人物であると見なされたのだ。

こちらを支持したのは「一橋派」だ。その中には御三家の尾張徳川家の名も見えるが、目立つのは薩摩藩の島津斉彬《しまづなりあきら》ほか、藩政改革に成功して力を伸ばした雄藩の存在である。彼らのほとんどは外様《とざま》大名であるため、本来、幕政に口を出すことが許されなかった立場であり、そのような人々が慶喜を推すのはどういうことか。日本国が置かれた危機的状況を正しく認識しているということである（中堅の幕臣たちが多くこちらについたのは、現実を知っているからだろう）。もちろん、従来の体制をひっくり返そうとする振る舞いだと見る向きもあった。一橋派は革新的であるがゆえ、危うい存在でもあったのだ。

この対立は日米修好通商条約を締結するか否《いな》か、またそのために朝廷から許可を得るか否かという問題も絡《から》んで大いに紛糾《ふんきゅう》した。

一橋派は有力者である老中の阿部正弘が亡くなっていたこともあって力が衰えており、代わりに朝廷から「将軍は慶喜に」と指名をもらおうとしたが、明言してもらうことはできなかった。かたや、南紀派は安政《あんせい》五年（一八五八）に中心人物である井伊直弼《いいなおすけ》が大老となり、半ば強引に家茂を将軍にするとともに日米修好通商条約も締結して、対立に一応の決着がついた。

実は将軍候補決定の翌日に亡くなった家定の意向が、後継者決定に大きな影響を与えた、という見方がある。越前福井藩士が当時のことを記した日記『昨夢紀事《さくむきじ》』によると、家定はそもそもまだ老齢に至っていない自分に養子の話が出ていること、自分と十三歳しか変わらない慶喜がその候補に挙がること、篤姫を正室として送り込んだ島津家が今度は養子の話を進めていることのすべてに不満を持ち、激怒したらしい。そのせいで、一橋派の意向を受けて家定を説得するはずだった篤姫は進退極まったようだ。

この家定の意向をそのまま信じていいかは悩ましい。家定本人が口にしたのではなく、生母の本寿院《ほんじゅいん》から篤姫に伝えられたものであり、その本寿院は「慶喜が後継者になったら自害する」と宣言した話があるほどの強硬的な南紀派であったからだ。

ただ、「幼児のごとし」と周囲から侮《あなど》られ、政治からも遠ざけられていた家定が、「慶喜が後継者になったら自分はそのまま隠居させられてしまうのではないか」と恐れて怒ったという説には、相当の説得力がある。江戸時代の諸藩ではままあったことだからだ。

## 国内の動乱と公武合体

こうして家茂が将軍になった。就任したはいいが、天下の情勢はまったく安定しない。彼を将軍に据えた井伊直弼は大老として実権を握るや、一橋派および尊皇攘夷の志士たちを弾圧する「安政の大獄《たいごく》」を実行して恨みを買い、ついにその翌年（安政七年）、「桜田門外の変」で暗殺されてしまった。

アメリカをはじめとする通商条約の締結をめぐっては、なかなか朝廷の許可が取れず、いざ貿易が始まってみると、国内経済が混乱、疫病《えきびょう》も蔓延《まんえん》して庶民が大いに苦しんだ。これらを背景に雄藩が独自の行動を起こし、元治《げんじ》元年八月に長州藩は外国船を勝手に攻撃した末に諸国の艦隊に攻められ、薩摩藩は文久《ぶんきゅう》二年（一八六二）の生麦《なまむぎ》事件（大名行列を横切ったイギリス人を殺害）をきっかけとしてイギリスと戦争をする始末だ。

また、長州藩は京で蛤御門《はまぐりごもん》の変（禁門の変）と呼ばれるクーデターを起こすも失敗し、これを受けて幕府は第一次長州征伐を行なっている。

このような混乱の中で、穏《おだ》やかな性格であったと伝えられる家茂は、さぞ苦しんだはずだ。雄藩大名の一人であった伊達宗城《だてむねなり》は、家茂に酌《しゃく》をしてもらった体験について「征夷大将軍の権威に欠ける」と日記に書いている。感謝を示して気を配る振る舞いが、相手によってはこう見えてしまうのだから、将軍という立場はいかにも難しい。

そんな家茂にとって救いであったのは、朝廷から正室として迎えた和宮《かずのみや》（親子《ちかこ》内親王）との関係が良好であったことだろう。二人の結婚には複雑な事情があり、また和宮が宮廷風の習慣を持っていたことから武家風の大奥の習慣に馴染《なじ》めず苦労もしたようだが、それでも夫婦仲は睦《むつ》まじかったという。

二人が結婚したのは、文久《ぶんきゅう》二年（一八六二）。実際にはその二年前から話が動いていた。幕府は衰える一方の権威を補うため、公武合体――すなわち、朝廷（公）と幕府（武）が一体になることを画策し、その象徴として時の孝明《こうめい》天皇の妹である和宮と家茂を結婚させようとしたのである。朝廷としても幕府への発言力を高めたかったため、条件付きでこれを受け入れ、和宮はもともと決まっていた婚約を破棄させられてまで京から江戸へ送られ、家茂の正室となったのである。なお、その条件として幕府は近いうちの攘夷を約束させられたが、実のところ、諸外国相手に手切れを言い渡すこともできず、大いに苦労することになる。

## 江戸に落ち着けなかった将軍

幕府と将軍の権威が衰え、代わって天皇の権威が高まるに従って、政争の中心は江戸から京へ移っていく。家茂としても江戸城に腰を落ち着けているわけにもいかず、文久二年から幾度も江戸を離れて畿内へ出て、朝廷との折衝を行なうことになる。

特に慶応《けいおう》元年（一八六五）には、老中たちが朝廷の許しを得ず、安政年間に諸外国と結んだ条約実現のために神戸開港を決定した件を巡って、大いに揉《も》めることになる。

この時、朝廷が老中たちに官位剥奪《はくだつ》と謹慎を示して幕府人事への介入を図ったのに対して、家茂は「将軍の職を辞する」「後任は徳川慶喜に」と訴え、兵を率いて江戸へ戻ろうとした。これを知った慶喜（朝廷との交渉のため畿内にいた）は慌てて家茂を追いかけ、説得して辞職は覆《くつがえ》させている。

なお、この一件は家茂の空振りには終わらず、慶喜らの必死の説得によって朝廷側が神戸開港（ひいては安政条約）を承認するに至っている。

それにしても、なぜ家茂は辞職をちらつかせまでしたのだろうか。その真意はわからない。通説では老中たちが朝廷への脅しとしてやらせたのだとされてきたが、近年の研究では否定されつつある。この頃の幕府は第二次長州征伐のための準備をしており、家茂が江戸に戻ってはそれが不可能になるため、そのような脅しはできない、というのである。また、家茂の自発的決断であったかどうかについても、同時代の幕臣たちの意見さえ食い違うためハッキリしない。

翌年、幕府は第二次長州征伐を行なったが、この時までに西洋的な軍備・兵制を整えつつあった長州藩は強く、幕軍は各地で敗戦を重ねた。大坂城で指揮をしていた家茂は脚気《かっけ》に倒れ、そのまま亡くなってしまう。享年二十一、わずか五年の将軍就任期間の多くを江戸から離れて過ごした生涯であった。

彼の死によって第二次長州征伐は頓挫《とんざ》し、長州・薩摩といった幕府打倒を目指す勢力が勢いを増す中で、幕府はいよいよ困難な状況へ追い込まれていくことになる。

## 〈四〉江戸幕府十五代将軍・徳川慶喜（一八三七〜一九一三）

### 末は「あっぱれな名将」

いよいよ本書で紹介する征夷大将軍も最後の一人となった。十五代将軍の徳川慶喜《よしのぶ》である。すでに紹介した通り、彼は水戸徳川家に生まれた。

慶喜の父は、第九代水戸藩主の徳川斉昭《なりあき》。死後に贈られた名が「烈公《れっこう》」というあたりに、彼の個性がよく表われている。領内の藩政改革に邁進《まいしん》しただけでなく、尊王攘夷思想にも情熱を傾けた。水戸藩の学者たちによってつくり上げられた尊王論「水戸学」は、無数の志士たちに影響を与えており、幕末の動乱を加速させたといっていいだろう。しかし、それだけに幕府に睨まれ、隠居・謹慎に追い込まれてしまっている。

なお、同世代の人である十二代将軍・徳川家慶はこの斉昭を相当嫌っていたという話が伝わっている。水戸藩士の書状をまとめた史料『遠近橋《おちこちばし》』には、大奥の重鎮・姉小路《あねこうじ》の「家慶が斉昭のことを虫が好かないと言っていた」という証言や、意見を具申する斉昭に家慶が「差し出がましい」と不満を持っていたなどの話が記されている。神経質な家慶に対して、ズケズケとものを言うタイプの斉昭は、最悪の相性であったのだろう。

斉昭はこのような人だから、子どもたちへの教育もたいそう厳しかった。嫡男は江戸から動かすわけにはいかないルールだったが、それ以外の子どもたちはわざわざ幕府に頼み込み、江戸ではなく地元の水戸で厳しく文武の教育を施させたのである。背景には、「嫡男以外の子どもたちはやがて養子に送ることになるから、養子先で水戸徳川家の名をはずかしめることがないようにしっかり教育するべき」という考えがあったようだ。

そんな中で、幼少期から英明の才を発揮したのが七男・七郎麿《しちろうまろ》――のちの慶喜である。剣・弓・馬・鉄砲と武術は、「なんでもござれ」であった。これを見た斉昭が我が子を賞して、「あっぱれな名将になるだろうが、きちんと教え導かなければ手に余る存在になるだろう」と語ったと伝わる。親の欲目もあろうが、慶喜がそれだけ巨大な才の持ち主だと期待されていたのは間違いない。

そのせいなのか、斉昭は彼に恐るべき教育をほどこした。伝記『徳川慶喜公伝』によると、慶喜が寝る時、首の両側に剃刀《かみそり》を立てた、というのである。寝相の悪い慶喜を真っすぐ寝させるためだったらしいのだが、うっかり寝返りをしていたら、幕末の流れはどのように変わっただろうか。

## 特例ばかりの将軍

さて、慶喜は一橋徳川家に養子に入り、安政の将軍継嗣問題では一橋派に擁立されて徳川慶福（家茂）の対抗馬になったが、この時は将軍になれなかったのは、すでに見てきた通り。この時の一因として、父・斉昭が幕政に陰ながら大きな影響力を持つ大奥に嫌われていたからではないか、などといわれている。

その後、井伊直弼が実権を掌握して安政の大獄を始めると、父や一橋派とともに井伊を非難していた慶喜も弾圧の対象になり、隠居謹慎を命じられた。

慶喜が歴史の表舞台に戻ってくるのは、文久二年（一八六二）のことだ。謹慎はすでに解かれており、慶喜は人に会い、手紙をやり取りすることを許されていた。まもなく朝廷からの要望を受け、将軍後見職として家茂を補佐して活躍することになる。慶喜は主に京にいて幕府・朝廷の関係を保つべく働いたが、元治《げんじ》元年（一八六四）の蛤御門の変では兵を指揮して長州兵を追い落としている。

ところが、家茂が大坂で急死したため、慶喜は新しい将軍に就任することを求められてしまう。こうして「最後の将軍」徳川慶喜が誕生するのだ。なお当初、慶喜は徳川家の家督は継いだものの将軍職は引き受けず、「幕府と協力していきたい」と宣《のたま》う孝明天皇の強い要請によって、ようやく将軍となった。その孝明天皇が将軍就任直後に亡くなったため、慶喜の立場は大いに危うくなっている。

先代の家茂も異例ずくめの将軍であったが、慶喜はさらに輪をかけた特例ばかりの将軍であった。宗家は継いでも将軍にならなかったこと、それだけではすまない。

まず、江戸城にいない。後見職についてからの多くの時期を畿内で過ごしていたからだが、京でも家茂が拠点とした二条城にも入ろうとしない。上洛当初は東本願寺に宿所を構え、その後は二条城と御所に近い「御旅館」と呼ばれる屋敷（若狭《わかさ》小浜《おばま》藩の京都藩邸）を拠点にし、第二次長州征伐の後始末や朝廷との交渉、そして中央集権体制を目指した幕政改革に明け暮れた。

江戸にいないのは、もはやこの時期、動乱の中心は江戸ではなく京・大坂であったからだが、二条城に入らなかったのは、なぜだろうか。これについては「改革をするためには古いしきたりから離れる必要があると考えた」という推測がされている。実際、慶喜は伝統よりも合理性を重視して行動していた節《ふし》があるのだ。同行する家臣たちも少数精鋭の側近たちのみである。

また、慶喜は代々の将軍が受けてきた官職である内大臣になかなか就こうとせず、しばらく大納言にとどまった。このような点からも、慶喜が伝統的な権威ではなく合理性からくる効率によって危機を乗り越えようとしていたことを読み取ることができよう。

ほかにも、慶喜は外国勢力とも深く結びついた。彼の才覚を高く評価したフランス公使のロッシュと協力関係を結び、多額の借款《しゃっかん》を取り付けるとともに、フランス式の軍事訓練を導入して幕府陸軍の改革を行なったのである。

しかし、慶喜らの奮闘も虚《むな》しく、情勢は決して改善しない。そこで彼は恐るべき逆転の策に出た。

## 逆転の秘策から挫折へ

幕府を倒して政治改革を目指す長州・薩摩藩ら倒幕派の動きが加速する中、慶喜は驚くべき決断をした。「大政奉還《たいせいほうかん》」――幕府が預かっていた政治を朝廷に返す――という秘策である。土佐藩士の後藤象二郎《ごとうしょうじろう》が藩主の山内容堂《やまうちようどう》を通して慶喜に提案したものだった。

この考え方は、当時の現実にそのままあてはまっているとは言い難い。朝廷に政治の実権があったのははるか昔のことで、将軍が代替わりをする際に行なわれる天皇による将軍宣下（将軍職は天皇から下賜《かし》された。つまり、天皇は将軍の上位にあたる）も、あくまで形式上のことであったからだ。

ただし、本書でもここまで見てきた通り、江戸時代後期の幕政の混乱の中で朝廷の権威は著《いちじる》しく高まり、形式が実態を凌駕《りょうが》するような形になりかけていた。倒幕派ももちろん、この朝廷の権威を利用していて、慶応三年（一八六七）十月十四日に「討幕の密勅」を引き出している。

奇《く》しくもその同じ十月十四日、慶喜は朝廷に大政奉還を申し出た。もちろん、政権をすべて投げ出そうというのではない。一度天皇に戻した上で、改めて諸藩が連合する新政権を成立させるのが狙いだった。その中心にいるのは徳川家である。所領の大きさや、長年にわたって日本を動かしてきた巨大官僚機構からして、当然のことであった。

実際、政権を返されても朝廷にその「大政」を担う力などはないため、慶喜には「しばらくの間、将軍としての職務はこれまで通り続けるように」という命令がなされた。

なお、慶喜が将軍職を辞退したのは、大政奉還の十日後のことである。このタイムラグについては、「そもそも政権と将軍職がイコールではなかったのではないか」、あるいは「将軍職には政権以外にも軍事統制の意味があり、それを返してしまうと徳川家臣団の反発が大きかったのではないか」など、いろいろな推測がされている。

一方、倒幕派はこのような政治の流れを認めるわけにはいかない。そこで同年十二月九日に薩長の武力を背景として「王政復古の大号令」を発し、徳川家を排除した新政府を設立した。そのうえで徳川家に対し、辞官納地（内大臣を辞《や》め、領地を一部返上すること）を求め、その力を決定的に弱めようとしたのである。

これは慶喜としても徳川家をはじめとする旧幕府方としても、とうてい受け入れられない。大坂城に退いた慶喜は、慶応四年一月に改めて兵を率い、京を目指した。これを迎え撃った新政府軍との激突が「鳥羽《とば》・伏見《ふしみ》の戦い」である。

慶喜と旧幕府軍はこの戦いに敗れた。旧幕府勢の中に裏切りが出たこと、また、新政府軍が官軍（天皇の軍隊）の証《あか》しである「錦《にしき》の御旗《みはた》」を掲げたことなどが敗因であったとされる。しかも慶喜は敗北後、大坂城に籠もって戦う姿勢を見せようとせず、わずかな供とともに軍艦に乗って江戸へ引き揚げてしまった。こうなっては旧幕府軍も戦意喪失《そうしつ》で戦いようがなく、逃げざるを得ない。

## 戊辰戦争のかたわらで

では、慶喜は江戸で何をしようとしていたのか。

当時の慶喜はかなり迷っていたらしい。再び畿内へ向かって戦う姿勢を示すこともあれば、家茂の正室であった和宮（静寛院宮《せいかんいんのみや》）に朝廷へ謝罪をしたいと漏らすこともあったようだ。しかし、ロッシュの「援助するから新政府と戦ってほしい」という提案を断っているあたり、最終的な結論はすでに固まっていたのではないか。

すなわち、恭順である。かつて和宮の婚約者だった有栖川宮熾仁親王《ありすがわのみやたるひと》が率いる新政府軍勢が迫る中、慶喜は上野寛永寺《かんえいじ》で謹慎生活に入った。江戸に近づいた新政府軍の実質上の総大将・西郷隆盛《さいごうたかもり》と幕臣・勝海舟《かつかいしゅう》の間で交渉がもたれ、江戸城は無血開城となった。

江戸城明け渡しの日、慶喜は駕籠《かご》で自領である水戸へ送られた。木綿《もめん》の質素な服装に、髪も髭《ひげ》も伸び放題、表情は憔悴《しょうすい》していたという。幼き日より英明を謳《うた》われ、幕府最大の危機に担《かつ》ぎ出された君主の、あまりにも哀れな将軍としての最後の姿であった。

とはいうものの、あとは鬱々《うつうつ》としたエンドロールが待っているだけ……とならないのが、「徳川慶喜物語」の面白いところだ。鳥羽・伏見の戦いに端を発する新政府軍と旧幕府方の諸勢力との争い「戊辰《ぼしん》戦争」が終結を迎え、あるいは「明治維新」と呼ばれる諸改革が進む中、慶喜は穏やかな日々を過ごした。

しばらく水戸で謹慎生活を送ったのち、翌年に静岡へ移って謹慎を解かれると、三十年を静岡で、その後は亡くなるまで東京で暮らした。彼が悠々自適の日々を終え、多くの子を残してこの世を去った時、時代は明治を通り過ぎて大正になっていた。

## 趣味に没頭する日々

慶喜は多才な趣味人として知られている。体を動かすのはもっぱら馬術を得手とし、水泳は苦手《にがて》。教養方面では和歌と謡《うたい》、それから絵画を好んだ。

もっと注目されるのは、西洋趣味だ。そもそも慶喜の好みは伝統的な日本人のそれにとどまらないところがあったようで、将軍就任前から豚料理を好んでいたことがよく知られている。そもそも江戸時代は仏教の影響で公には肉食が避けられつつも「薬食い」として食べられていたが、幕末期には特に豚食がブームになった。そのきっかけが慶喜で、彼は「豚好きの一橋様」を略して「豚一様《ぶたいちさま》」と呼ばれたという。

そんな慶喜だから、西洋人たちが持ち込んだ文化や物品に魅了されたのは無理からぬことだ。書斎にはフランス皇帝から贈られた軍服姿で馬に乗った自分の写真を飾り、身の回りの世話をする女性たちにも洋装を命じた。もちろん、自身も着物から洋服に着替え、食器などの什器《じゅうき》も洋風のものを取り揃えた。将軍になってまもなくのことだが、欧米四カ国の代表と謁見した後の晩餐会《ばんさんかい》で、慶喜は彼らを洋風の料理でもてなしている。むろん、慶喜自身は洋風マナーを完璧にこなした。慶喜にとって西洋風はお手のものだったのかもしれない。

慶喜に徹底的に協力したフランス公使のロッシュは彼の弁舌をはじめとする能力を高く評価しているが、一つにはこのように西洋的価値観を理解してくれる君主の方が付き合いやすいという計算もあったのではないか。

慶喜の西洋趣味の行き着くところは女性の好みだ。慶喜は江戸町火消《まちびけし》の頭《かしら》を務めた新門《しんもん》辰五郎《たつごろう》なる人物を重用したのだが、その娘を側室に迎えている。そして、彼女を選んだ決め手が「彫《ほり》が深い西洋風の顔立ちをしており、町でも西洋人のようだと評判だった」という見目である。

公務から解放された静岡隠居時代は、いよいよ趣味に没頭する日々を送っていた。写真好きは特によく知られており、昼夜問わず撮っていたとか、静岡の風光明媚《ふうこうめいび》な場所は残らず写真に収めたとかと『徳川慶喜公伝』に記されている。当時の写真はとにかく撮影に時間がかかるもので、慶喜本人はともかく、付き合わされるお付きの者たちは、相当大変だったはずである。

ほかにも油絵を始めたり、刺《し》繍《しゅう》を嗜《たしな》んだり、投網に打ち込んだりした。囲碁《いご》もかなり強かったらしい。なんと洋菓子作りに凝って、子どもたちに手ずから取り分けていたというから恐れ入る。実に多芸多才な元将軍様だった。

## 〈総論〉江戸幕府と征夷大将軍

徳川家が代々継承した将軍職と江戸幕府のかかわりは、時代によって大きく変わったと言っていいだろう。

江戸時代初期、つまり初代・徳川家康から三代・徳川家光くらいまでは創業の時期であり、将軍自らが積極的に親政を行なって幕府の仕組みをつくっていった。そのようにして制度が完成していくと将軍が能動的に方針決定をする必要がなくなり、たとえば家光が病に倒れている時期にも重要な決断がされ、問題なく政治が行なわれた。

こうなると、重要なのは将軍本人ではなく、側近あるいは重鎮といった幕閣の人々になる。どのような人物が将軍の信任を受けて幕政の舵を取るかで政治が動いていくわけだ。

それでも中期くらいまでは己の理想を掲げ、あるいは危機に対して積極的に親政を行なう将軍の姿を見ることができる。五代・徳川綱吉や八代・徳川吉宗だ。

しかし、親政を行なう将軍の姿も江戸時代が後期に入ると絶え、政治を行なうのはあくまで幕閣の仕事になっていく。吉宗が大器として期待したとされる（もちろん、このようなエピソードは称揚のためにつくられた可能性も高いので、どこまで信じるかは問題ではあるが）孫の十代・徳川家治が親政を行なうことなく、田沼意次に一任して政治を行なわせていたことなどは象徴的なスタイルだ。

そのような価値観が最も顕著に表われたのが、安政の将軍継嗣問題である。十四代将軍の跡継ぎを巡って対立した二つの派閥のうち、外様大名を中心とする一橋派が能力から一橋慶喜を推したのに対し、門閥譜代を中心とする南紀派はあくまで血筋を優先した。個人的な才覚で親政を行なうよりも、血筋が示す権威、支配の正当性で幕閣の行なう政治を承認すること。それこそが中期以降の将軍に求められる機能であったのだ。

コラム

# 「最後の将軍」の後継者たち

こうして二百六十余年にも及ぶ江戸幕府の歴史は終わり、徳川将軍の系譜にも終止符が打たれた。しかし、それは徳川家の断絶とはまた別の話である。源氏《げんじ》将軍や足利《あしかが》将軍のように正統の血筋が途絶えたわけではないのだ。

そこで、本書の最後を飾るこのコラムでは、二人の「徳川将軍になるかもしれなかった人」を紹介することとしたい。

## 徳川昭武（一八五三〜一九一〇）――万国博覧会を見たプリンストクガワ

まず一人目が徳川昭武《あきたけ》である。徳川斉昭の十八男、つまり徳川慶喜の弟にあたる。幕末の動乱の中で幼い彼も無関係ではいられず、元治元年（一八六四）には十二歳で京へ上り、禁闕守衛《きんけつしゅえい》（皇居・天皇の警護）に任ぜられている。

しかし、なんといっても彼の名を知らしめることになったのは、その二年後の出来事だ。なんと、慶喜は弟を将軍の名代《みょうだい》として遠いパリへ送り込んだのである。目的は当時パリで開かれていた万国博覧会への参加、フランスをはじめとするヨーロッパ諸国への親善訪問、また昭武のパリ留学であった。

外国奉行や昭武の傅役《もりやく》、また留学生など日本人総勢二十四人となった一行の中には、のちに大いに成功する人物がいた。渋沢栄一《しぶさわえいいち》――令和三年（二〇二一）の大河ドラマ『青天を衝《つ》け』の主人公――である。

富農の家に生まれ、一橋家の家臣から慶喜の将軍就任を受けて幕臣となり、明治維新後は新政府に参加して大蔵省で活躍。退官後は第一国立銀行（のちに再編統合を経て、現在はみずほ銀行）の頭取となり、数々の会社の創設に関与した。近代日本資本主義の形成を第一線で推進した男と言える。そんな彼が若き日に昭武の随行員としてヨーロッパの進んだ技術や制度を見たことは、のちの大活躍に小さくない影響を与えたはずだ。

話を昭武に戻そう。

御三卿の一つ、清水徳川家の当主になった昭武は、慶応三年（一八六七）正月に横浜を出発すると、香港《ホンコン》・東南アジア、そして運河が開通する前のスエズを陸上移動してヨーロッパへ入った。

昭武一行は万国博覧会を見物しつつ、諸外国を巡って各国元首と謁見した。この時、各国は昭武のことを元首の後継者として迎え入れている。また、現地メディア（当時はテレビもラジオもないから新聞である）も「プリンス」と呼称した。昭武が真に慶喜の後継者であったとしても、この時期の西洋では天皇をエンペラー、将軍はタイクーンと呼んでいたから、プリンスと呼ぶのは、少し妙だ。情報の錯綜《さくそう》なのであろうが、何にせよ、昭武がただの徳川一族ではなく、将軍の後継者と見られていた証拠の一つにはなるだろう。

実際、慶喜は彼にあった養子の話を断っているから、次の将軍にと考えていたようだ。世界を見せたのも、各国首脳と対面させたのも、その計画の一環だったとも受け取れる。

だが、慶喜の計画は実現しなかった。昭武が日本を離れている間に大政奉還で幕府が消滅し、鳥羽・伏見の戦いで新政府軍が旧幕府軍に勝利。慶喜は自ら謹慎を選んだのである。これらの情報はパリで留学生活を送る昭武らに随時新聞を通して届けられていたが、ついに旧幕府および新政府から引き揚げ命令が届いて、昭武一行（およびヨーロッパ諸国にいた幕府留学生）はヨーロッパから去り、帰国の途についたのである。昭武にとってはわずか九カ月の留学であった。なおその途中、幕府残党の榎本武揚《えのもとたけあき》らの使者が昭武に接触し、旧幕軍の旗頭に就くよう持ちかけられたが、断っている。

明治元年（一八六八）十一月に昭武が帰国した時、徳川宗家はすでに後述する徳川家達《いえさと》に継承されており、昭武は水戸藩を継ぐことになった。昭武の帰国間もなく水戸藩には北海道の榎本武揚を討伐する命令が下り、昭武自身の出陣こそなかったものの、水戸藩兵を派遣して被害も出している。

明治維新の時代、昭武はさまざまな挑戦をしている。北海道開拓、陸軍へ出仕、万博見学で渡米、そしてパリへの再留学である。帰国後は長く明治天皇に仕えた。

## 徳川家達（一八六三〜一九四〇）――新宗家はIOCメンバー

昭武は水戸藩を受け継いだが、徳川宗家を継ぎ、以後、「幻の徳川十六代目の将軍」として生涯を過ごしたのが、徳川家達《いえさと》だ。この人もまたなかなかに興味深い人生を送っている。本書の最後に、十六代目の徳川将軍になるかもしれなかった人物の物語を綴《つづ》ることにしたい。

家達は御三卿の田安《たやす》徳川家の生まれである。生まれた時の名は田安亀之助。三男だが、慶応元年（一八六五）に兄が死んでしまったので三歳で家を継ぐことになった。

この家達、実は慶喜に代わって十五代将軍になっていたかもしれない。慶応二年に徳川家茂が亡くなった時、家茂は後継者として家達を指名したと伝わっている。とはいえ、いくら先代将軍の使命とはいえ、混乱の時代に四歳の将軍というわけにはいかない。徳川慶喜が新たな将軍となったのは、すでに見た通りである。

家達の名が次に現われるのは、明治元年（一八六八）。明治新政府が謹慎して恭順の姿を示した慶喜に代わって徳川宗家の新たな当主として指名した者——それが家達だったのである。まだ六歳の少年だった田安亀之助は徳川家達と名乗り、静岡藩七十万石の藩主として旧幕臣たちを束ねる立場になった。

のちに静岡藩知事となるも廃藩置県によって藩が消滅。旧大名たちが東京と名を変えた江戸に集められた際、家達も東京へ戻っている。その後、イギリス留学を経て、新しい身分制度において華族となり、公爵《こうしゃく》の位を授けられた。

興味深いのは家達の自己認識だ。彼は、「徳川家を継いだ人間」として見られるのを好まなかったと伝わる。「自分は新しい徳川家を立てた」との意識が強く、慶喜のことは「徳川家を終わらせた」と見ていたらしい。古いものが失われ、捨てられていく明治という新しい時代において、古い徳川家と自己を切断する意識があったのだろうか。このような考え方から、慶喜との関係はあまり良好ではなかったとも考えられている。

そんな家達の業績として最もよく知られているのが、明治三十六年から昭和八年（一九三三）まで務めた貴族院議長である。明治二十三年に貴族院が開かれた時から議員を務めていたのだが、これは華族の中でも公爵家当主は終身の議員職を与えられていたからである。

彼にはそれ以上の役職に就くチャンスもあった。東京市長や文部大臣、宮内省《くないしょう》の爵位局長、さらには総理大臣としての推薦を受けたことさえあったのである。大正三年（一九一四）、シーメンス事件（海軍の贈収賄《ぞうしゅうわい》事件）が発覚して山本権兵衛《やまもとごんべえ》内閣が倒れた。その後釜《あとがま》としての指名である。しかし、家達はこれらすべてを断った。

このような態度の背景には、徳川家のお目付役をしていた勝海舟の助言が少なからずあったようだ。「政府としては明治・大正の時代にも衰えぬ徳川家の名声を利用したいが、それに振り回されるようでは損だ。だから軽々に役職を受け入れるものではない」といったような教えがあったとされ、家達は生涯を通して勝の教えを守ったのである。

家達が力を入れた業績としてはオリンピック招致があった。ＩＯＣ（国際オリンピック委員会）の委員となり、その後、招致委員会の会長になっている。しかし、この時の招致は成功したにもかかわらず、日中戦争の泥沼の中でとても開催できるような状況ではなく、返上となった。戦後、日本復興の旗印となる東京オリンピックが開かれたのは、ご存じの通り昭和三十九年。家達の死後であった。

結局、家達は貴族院議長以上の職に就くことはないまま、昭和十五年に死去する。この世を去る二年前に病で倒れているが、イギリスで行なわれる赤十字国際会議に出席するための船旅の途中だったのは、いかにも象徴的だ。家達はついに政治家として最前線に立つことはなく、古い家名を利しての名誉、権威が求められた存在であった。実際、日中戦争が始まった頃に彼を外務大臣にという声もあったが、実現していない。動乱期の外交・交渉ができる人物とは見られていなかったのだ。

死後、大勲位が授けられている。これもまた徳川家の家名に与えられたものかもしれないが、他方で貴族院議長という職が決して軽いものではなく、長年にわたって議会の重鎮として睨みを効かせたことは過小評価してはならないだろう。

# おわりに

本書を読んで、教科書や大河ドラマ、歴史バラエティーなどで見知った征夷大将軍の人物像とは違う、と思った人も多かったのではないか。これは当然で、日本史の研究は近年さまざまな史料の発見、あるいは議論の深化を経て驚くほど進み、それまで常識と思われていたことがひっくり返ったりしている。そうなると人物像も一部変わる、というわけだ。

本書でも紹介した「鎌倉幕府の誕生年は一一九二（イイクニ）から一一八五（イイハコ）へ」や、「徳川綱吉の生類憐みの令は必ずしも悪政ではなかったかもしれない」などは、その一例だ。ステレオタイプな理解と本書の内容が一部変わっているのも自然なことである。

このような事情から、本書の執筆はなかなか難儀であった。自分自身の過去の知識と照らし合わせながら情報を整理しなければならなかったからだ。一方であまりマニアックになっても入門用の新書としての役目を果たせなくなる。流れはシンプルに、しかし、一つ一つの知識は正確に細心の注意を払って執筆したつもりだ。

さて現在、歴史モノ・時代モノのエンタメは、最新の研究を取り込みつつ、漫画や小説、アニメやゲーム、そしてドラマなど多分野において活発で、面白い作品がどんどん出てきている。

二〇二二年（令和四）放映予定のＮＨＫ大河ドラマ『鎌倉殿の13人』は、本書でも紹介した源平合戦から鎌倉幕府初期を題材にしたもので、源頼朝や頼家、実朝といった将軍たちが活躍することだろう。本書執筆中の二〇二一年一月に『週刊少年ジャンプ』で始まった、松井優征氏の『逃げ上手の若君』も楽しみだ。鎌倉幕府最後の得宗（北条氏本家）の子・北条時行が、幕府を滅ぼすのに一役買った宿敵・足利尊氏と対峙するという、実にマニアックな設定である。本書は、そのような作品を読むときの副読本になるよう、制作したものでもある。皆さんが歴史を楽しむにあたって、少しでも力になれれば、それ以上の喜びはない。

最後に、私の企画した新事業の紹介をしておきたい。私が主宰する榎本事務所では、「地域・たからもの発見！」という企画を立ち上げたところだ。歴史を題材にしたキャラクターを作成することで、地域の魅力発見や商売の広報・宣伝を行なうことが目的である。「地域・たからもの発見！」で、ぜひ検索してほしい。
最後に。本書執筆にあたっては編集担当の松森氏、そして榎本事務所メンバーの助けが大いに力になった。この場を借りて感謝したい。

二〇二一年五月

榎本　秋

## 参考文献

『日本国語大辞典』（小学館）
『国史大辞典』（吉川弘文館）
『日本大百科全書（ニッポニカ）』（小学館）
『日本歴史地名大系』（平凡社）
『改訂版　詳説日本史研究』（山川出版社）
『新版　日本架空伝承人名事典』（平凡社）
高橋富雄『日本史小百科25　将軍』（近藤出版社）
吉川真司（編）『日本の時代史5　平安京』（吉川弘文館）
日本史史料研究会（監修）／細川重男（編）『鎌倉将軍・執権・連署列伝』（吉川弘文館）
永井晋『鎌倉源氏三代記　一門・重臣と源家将軍』（吉川弘文館）
坂井孝一『源実朝「東国の王権」を夢見た将軍』（講談社）
朝里樹『歴史人物怪異談事典』（幻冬舎）
森茂暁『足利尊氏』（KADOKAWA）
日本史史料研究会（監修）／亀田俊和（編）『初期室町幕府研究の最前線　ここまでわかった南北朝期の幕府体制』（洋泉社）
榎原雅治（編）／清水克行（編）『室町幕府将軍列伝』（戎光祥出版）

田端泰子『室町将軍の御台所：日野康子・重子・富子』（吉川弘文館）
臼井信義『人物叢書　足利義満』（吉川弘文館）
吉田賢司『足利義持　累葉の武将を継ぎ、一朝の重臣たり』（ミネルヴァ書房）
伊藤喜良『人物叢書　足利義持』（吉川弘文館）
日本史史料研究会（監修）／山田康弘（編）『戦国期足利将軍研究の最前線』（山川出版社）
木下昌規（編著）『シリーズ・室町幕府の研究4　足利義輝』（戎光祥出版）
山田康弘『足利義輝・義昭　天下諸侍、御主に候』（ミネルヴァ書房）
池上裕子『人物叢書　織田信長』（吉川弘文館）
堀新（編）／井上泰至（編）『秀吉の虚像と実像』（笠間書院）
『徳川将軍家・松平一族のすべて』（新人物往来社）
日本史史料研究会（監修）／平野明夫（編）『家康研究の最前線　ここまでわかった「東照神君」の実像』（洋泉社）
笠谷和比古『徳川家康　われ一人腹を切て、万民を助くべし』（ミネルヴァ書房）
本多隆成『定本　徳川家康』（吉川弘文館）
山本博文『人物叢書　徳川秀忠』（吉川弘文館）
藤井讓治／日本歴史学会（編）『人物叢書　徳川家光』（吉川弘文館）
塚本学／日本歴史学会（編）『人物叢書　徳川綱吉』（吉川弘文館）
大石学『徳川吉宗　日本社会の文明化を進めた将軍（日本史リブレット人）』（山川出版社）

久住真也『幕末の将軍』（講談社）
樋口雄彦『第十六代徳川家達　その後の徳川家と近代日本』（祥伝社）
『歴史群像シリーズ53　徳川慶喜　菊と葵に揺れた最後の将軍』（学研プラス）
『歴史読本』編集部（編）『徳川将軍家・御三家・御三卿のすべて』（新人物往来社）
ほかにも多くの文献・資料、ホームページ、パンフレット等を参考にさせていただきました。
なお、本文内の系図は『日本史総合図録』（山川出版社）ほかを参照に新規作成しました。

MdN新書
023

将軍《しょうぐん》の日本史《にほんし》

2021年6月11日　初版第1刷発行

著　者　榎本《えのもと》　秋《あき》

発行人　山口康夫
発　行　株式会社エムディエヌコーポレーション
〒101-0051　東京都千代田区神田神保町一丁目105番地
https://books.MdN.co.jp/
発　売　株式会社インプレス
〒101-0051　東京都千代田区神田神保町一丁目105番地
装丁者　前橋隆道
DTP　アルファヴィル
図版所蔵　国立国会図書館（帯図版：『英雄百首』『徳川家康一代記』）
印刷・製本　中央精版印刷株式会社



**カスタマーセンター**
万一、落丁・乱丁などがございましたら、送料小社負担にてお取り替えいたします。
お手数ですが、カスタマーセンターまでご返送ください。

**落丁・乱丁本などのご返送先**
〒101-0051　東京都千代田区神田神保町一丁目105番地
株式会社エムディエヌコーポレーション　カスタマーセンター　TEL：03-4334-2915

**書店・販売店のご注文受付**
株式会社インプレス　受注センター　TEL：048-449-8040／FAX：048-449-8041

**内容に関するお問い合わせ先**
株式会社エムディエヌコーポレーション　カスタマーセンターメール窓口 info@MdN.co.jp
本書の内容に関するご質問は、Eメールのみの受付となります。メールの件名は
「将軍の日本史 質問係」としてください。電話やFAX、郵便でのご質問にはお答えできません。

Senior Editor 木村健一　Editor 松森敦史

ISBN978-4-295-20146-5　C0221